中国青少年体育俱乐部发展报告
（2016）

肖林鹏　孙荣会　陈　洪　等著

北京体育大学出版社

策划编辑：李　飞
责任编辑：赵海宁
审稿编辑：李　飞
责任校对：郎　玥
版式设计：杨　俊

图书在版编目（CIP）数据

中国青少年体育俱乐部发展报告. 2016 / 肖林鹏等著. -- 北京：北京体育大学出版社, 2017.6
ISBN 978-7-5644-2609-5

Ⅰ. ①中… Ⅱ. ①肖… Ⅲ. ①青少年－体育－俱乐部－研究报告－中国－2016 Ⅳ. ①G812.17

中国版本图书馆CIP数据核字(2017)第145870号

中国青少年体育俱乐部发展报告（2016）　　**肖林鹏　孙荣会　陈　洪　等　著**

出　　版：北京体育大学出版社
地　　址：北京市海淀区信息路48号
邮　　编：100084
邮 购 部：北京体育大学出版社读者服务部 010-62989432
发 行 部：010-62989320
网　　址：http://cbs.bsu.edu.cn
印　　刷：北京京华虎彩印刷有限公司
开　　本：710×1000 毫米　1/16
成品尺寸：228×170 毫米
印　　张：13.5
字　　数：206千字

2017年6月第1版第1次印刷
定　价：54.00元
（本书因印制装订质量不合格本社发行部负责调换）

《中国青少年体育俱乐部发展报告（2016）》

编写组成员

（按姓氏拼音排序）

陈　洪　孙荣会　王梦阳

郇昌店　肖林鹏　杨晓晨

张　鹭

前　言

2015年，天津体育学院青少年体育研究中心组织出版了国内首部《中国青少年体育俱乐部发展报告（2015）》。该书出版一年来在业界、学界引起一定反响，这对促进我们不断致力于青少年体育研究探索，为提高青少年理论研究水平，促进青少年体育发展，改善青少年体质提供了很大动力。我们将以青少年体育研究中心为阵地，不断整合各方资源，持之以恒地将青少年体育（俱乐部）作为长期跟踪调研对象，以为我国青少年体育（俱乐部）的健康持续发展献计献策。

经研讨与梳理，我们选取了青少年体育俱乐部评估作为2016年度俱乐部发展报告的主题。一方面，近年来天津体育学院青少年体育研究中心先后承担了国家体育总局青少司“青少年体育俱乐部评估标准与实施细则”“示范性国家级青少年体育俱乐部评定”研制等任务，这为本书的编辑提供了最基本素材。另一方面，“十三五”时期作为提供服务、扩大参与、推动协商民主、反映诉求、化解矛盾、规范行为、促进和谐重要载体的社会组织发展，将成为全面深化改革阶段的新目标，选取青少年体育俱乐部评估也正反映了这一时代主题。在确定这一主题的同时，我们也把2015年度国家示范性青少年体育俱乐部评估期间所做的“青少年体育俱乐部现状调查”作为本书的另一个重要组成部分。将青少年体育俱乐部发展现状作为一个持续观察的对象，将是本系列发展报告试图极力保持的一个永恒主题。

《中国青少年体育俱乐部发展报告（2016）》由肖林鹏完成大纲制订、定稿，以及书稿的串稿、审稿和统稿工作。全书完成过程中，王梦阳对书稿前期内容进行了整理。陈洪、郇昌店、王梦阳、杨晓晨、张鹭参与了书稿相关内容的撰写。

如未作特殊注明，本书所提到的“青少年体育俱乐部”“国家级青少年体育俱乐部”统一简称为“俱乐部”。

由于水平有限，在编写过程中难免存有不妥之处，敬请广大读者不吝指教。

肖林鹏于天津

2016年12月

内容提要

本书主要内容分为三部分：上篇对青少年体育俱乐部的评估内容、方法、细则和流程等进行了介绍；中篇对2015年底开展的示范性国家级青少年体育俱乐部评估工作进行具体介绍；下篇对2015年度青少年体育俱乐部的调研情况进行解读，主要从发展概况、基础条件、组织管理、活动开展和发展能力五个方面分析了中国青少年体育俱乐部的发展现状。

目录 Contents

上篇：
青少年体育俱乐部评估

中篇：
国家示范性青少年体育俱乐部评定

下篇：
青少年体育俱乐部现状调查

上篇

青少年体育俱乐部评估

1 俱乐部评估的背景

在我国，青少年体育俱乐部是一个专门称谓。青少年体育俱乐部（以下简称“俱乐部”）是通过政府倡导和体育彩票资助，依托各级各类学校、体校、体育场馆、社区和基层体育项目协会等单位和组织，以培养青少年体育兴趣、爱好和终身体育锻炼习惯，传授体育运动技能，发现、培养体育人才、普遍增强青少年体质为主要目的的社会化、公益性群众体育组织，是体育类民办非企业的重要新生力量。

自1999年体育总局印发《1999年度体育彩票公益金用于扶持创办青少年体育俱乐部实施方案》以来，青少年体育俱乐部已经成为开展青少年体育的重要组织载体和活动平台。经过近17年的发展，我国青少年体育俱乐部业已形成了总量持续增加、地区全面覆盖、结构不断优化、行业日臻规范、影响不断上升的可喜局面。俱乐部通过开展活动，为青少年体质的增强、体育习惯的培养和业余文化生活的丰富，作出了突出贡献，同时也为竞技体育发现和培养了一批后备人才，为体育产业培养了众多潜在的消费者群体，为社会体育指导员、退役运动员创业就业提供了重要空间。当前，俱乐部已成为落实“全民健身”“健康中国”“体育产业”国家战略的重要载体，日益引起社会各界的广泛关注。

从2000年开始，依托于学校、体校、体育场馆、社区和基层单项运动协会创建了第一批青少年体育俱乐部之后，我国各级青少年体育俱乐部的数量以每年平均三百余所的速度不断增加。近年来，青少年体育俱乐部持续得到国家体育总局高度重视。作为承载青少年体育活动的重要载体，俱乐部已经成为培养青少年体育兴趣，增强青少年体质，发现培养体育后备人才，提高青少年体育公共服务水平的重要力量，为服务广大青少年的健康全面发展作出了积极贡献。体育事业发展“十二五”规划明确提出国家级青少年体育俱乐部的数量达到5000个以上，创建600个国家示范性青少年体育俱乐部的目标。到“十二五”末，这一目标已成功实现，国家级青少年体育俱乐部数量已超5000个。国家体育总局在《青少年体育“十三五”规划》中提出了每20000名青少年拥有一个青少年体育俱乐部的目标，并在“完善青少年体育组织网络”的任务中，明确提出“支持地方开展青少年体育俱乐部创建活动，建立青少年体育俱乐部服务质量星级标准制度，开展国家示范型青少年体育俱乐部创建活动，完善青少年体育俱乐部联赛制度和管理人员培训制度。”

随着经济社会发展水平的提高，社会对青少年体育的重视，以及青少年体育意识的提升，青少年体育俱乐部的社会影响必将不断提高。但由于青少年体育俱乐部尚属“试办”阶段，基本没有现成的经验可循，而且青少年体育俱乐部是一个复杂的事物，在其发展过程中，不同程度地暴露出一些问题及不足。目前，我国青少年体育俱乐部主要存在以下瓶颈性问题：

第一，组织管理制度不健全。近年来，国家体育总局下发各地的青少年体育俱乐部申报通知规定：俱乐部需有固定的办公场所，内设机构和规章制度健全。至少有1间以上（含1间）固定的专用办公室。内设机构至少应包括：办公室、培训部等；有规范的俱乐部章程，各项规章制度健全。俱乐部专、兼职人员能够满足管理与运作需要。至少1名以上（含1名）专职管理人员，至少3名以上具有专业技术职称，并长期从事青少年体育教学或训练的教师、教练员或具有等级称号的社会体育指导员。但是，目前俱乐部在组织管理方面存在着制度不健全或者缺失的问题，主要体现在：①机构设置不合理，设置的部门过少；②不重视财务管理，没有独立的银行账号，也不单独建账；③缺乏专职的专业化管理、指导人员；④与依托单位的职责划分不清。目前，很多俱乐部的工作人员都是兼职的，有些俱乐部的主任或者理事长都是由校长或者副校长兼任的。这不可避免地造成俱乐部专业化程度低，懂管理的不懂体育，懂体育的又搞不好管理，以致在俱乐部的运营中出现了诸多问题。

第二，场地设施、经费不足，俱乐部活动难以开展。在实地调研的过程中，很多俱乐部负责人反映，场地器材不足是限制俱乐部开展活动的重要原因。而俱乐部经费不足又降低了其租赁场地、购买设施开展活动的动力。导致这种现象出现的原因是俱乐部运作方式和经费来源单一。在青少年体育俱乐部创建发展过程中，尽管有些单位采取了一些措施去筹措经费和组织多种多样的体育活动，但是大多数俱乐部还是用计划经济的模式管理和经营，运作方式多以培训为主，而且仅限在寒、暑假。俱乐部的运作经费多依赖体育彩票的扶持经费，工作缺乏主动性，思路不广、方向不明、绩效不佳。

第三，自我造血功能不强，缺乏可持续发展能力。大多数俱乐部的经费来源以体育彩票公益金、政府资助为主。约占三分之一的青少年体育俱乐部运营处于亏空状态，有盈余的俱乐部为10.2%。除了体育彩票公益金之外，近半数的俱乐部没有其他经费来源、创收途径单一。依托学校的俱乐部运营亏损的情况更为严重，比依托体校的俱乐部要高出10个百分点，达到41.9%。部分俱乐部工作缺乏创新，存在“等、靠、要”的思想，未建立可持续发展的长效机制，在资助周期结束后，许多俱乐部缺乏自我造血功能，基本未开展活动，形同虚设，名存实亡。有些人对青少年体育俱乐部的“非营利性”和“公益性”产生认识误区，认为青少年体育俱乐部的“公益性”就是免费，“非营利性”就是不能开展经营性活动，这种认识误区不仅存在于普通民众和部分俱乐部负责人中，甚至在相关管理部门领导的意识里也存在，这导致俱乐部缺乏自我造血的勇气与动力。目前，很多俱乐部陷入瘫痪境地，很大程度上是由于缺少自我造血的意识及能力。

第四，宣传推广工作缺失，社会认可程度不高。青少年体育俱乐部的管理除了业务主管部门和登记管理机关之外，它的日常事务还受到依托单位、教育部门、税务部门、物价部门、审计部门等多个部门的约束及管理。这些部门之间互为独立，对青少年体育俱乐部的管理上缺乏沟通，导致各方的工作经常出现“不协调”或“不一致”的情况。这些问题的出现凸显了宣传推广工作的重要性。各部门、系统要加强沟通，解决一些需要不同部门系统联合行动才能解决的体育问题。尤其是体育部门与教育部门的协作更要落到实处；体育部门要与其他部门密切合作，为青少年体育俱乐部的成立发展解决实际问题。

青少年体育俱乐部也应注意自身的宣传，应该通过各种媒体和网络平台，加大对青少年体育俱乐部的宣传力度。有条件的俱乐部最好建立专属独立的网站对自身进行全方位的宣传，增强人们对于体育俱乐部工作的认识，提高青少年体育俱乐部的社会认可度，以为青少年体育俱乐部的开展营造良好的人文环境。

第五，俱乐部发展良莠不齐，活动不规范，工作效率低。虽然青少年体育俱乐部的创办已有多年，也取得了一定的成绩，但不可回避的现实是，由于青少年体育俱乐部尚属“试办”阶段， 基本没有现成的经验可循，而且青少年体育俱乐部是一个复杂的事物，从它的管理部门来看，除了业务主管部门和登记管理机关之外，它的日常事务还受到依托单位、教育部门、税务部门、物价部门、审计部门等诸多部门的管理。种种原因致使俱乐部在发展中不同程度地暴露出一些问题及不足：如青少年体育俱乐部的相关法律制度不健全、管理体制相对落后、缺乏有效的监管及激励机制等，这些问题就导致了俱乐部本身发展良莠不齐，出现活动不规范，工作效率低等现象。

经过调研发现，有相当一部分青少年体育俱乐部在没有“公益金”扶持之后，难以筹集资金、吸引人才、提高效率，无法坚持公益性原则、实现自我生存和发展。有些俱乐部发展得很好却又因人们对其“非营利性”的认识误区而不能避免地面临着各种压力。可以说，目前俱乐部的发展有些混乱，甚至陷入了恶性循环之中。从理论上来讲，当事物的发展陷入恶性循环之中时，往往很难依靠自身的力量跳出“陷阱”。因此，必须借助外力来打破恶性循环，能够起到这一作用的最有效的外力就是建立科学完善的俱乐部评估制度。而若想真正从根本上调动青少年体育俱乐部的积极性，杜绝消极怠工或者不规范管理的现象，提高俱乐部在扶持期过后的可持续发展能力，科学完善的俱乐部评估制度也是一种高效而可靠的武器。

综上所述，对俱乐部评估绝不是空穴来风，而是在较为复杂的经济社会大环境以及俱乐部内部发展的小环境双重作用之下的必然选择。

（撰写人：肖林鹏，孙荣会）

2 俱乐部评估的目的

2.1 开展评估是主动转变政府职能的体现

有限型政府理念要求体育政府部门在对体育社会组织的管理工作中充分认识政府的职责和能力，分清楚哪些社会管理问题是政府应该管的，哪些是政府不该管的。该政府管的就政府管，不该政府管的或者仅凭政府能力管不好的就交给体育社会组织和公众管。政府要通过立法来实现社会事务的管理，将权利关进笼子里，由过去的行政专制，转变为依法治理。服务型政府理念是指政府社会管理观念要从管理转变到服务，社会管理思路由国家政府管理社会转变到社会自我管理上来，寓管理于服务之中，注重政府在社会管理中的服务职能，逐步淡化管理职能。

我国青少年体育俱乐部是在相对特殊的情况下，由国家体育总局发起，采取自上而下的方式建立起来的，这与当今大多数西方国家的社会组织采取“自下而上”发起建立的模式是迥然不同的。然而，当前世界各国对社会组织的普遍做法是，对社会组织进行实现间接管理，并通过开展科学合理的评估检查予以体现监管职能。随着我国社会组织管理体制改革的逐渐推进，转变政府管理社会组织的职能，借鉴相关成功经验，采取世界上多数国家管理社会组织的一般惯例，就成为一项必然要考虑的工作。

从十六届六中全会针对社会组织的管理提出“创新社会管理体制，整合社会管理资源，提高社会管理水平，健全党委领导、政府负责、社会协同、公众参与的社会管理格局，在服务中实施管理，在管理中体现服务”的改革思路。到十七大提出要“最大限度激发社会创造活力”。再到十八大报告强调提出，“加快形成党委领导、政府负责、社会协同、公众参与、法治保障的社会管理体制，加快形成政社分开、权责明确、依法自治的现代社会组织体制，加快形成源头治理、动态管理、应急处置相结合的社会管理机制”。党的十八届三中全会做出了全面深化改革的决定，提出加快转变政府职能，把能由市场做的交给市场，能由社会做的交给社会。各类社会组织的登记和管理也在逐步简化和放开，不再需要行业主管部门的预审核。综上所述，政府创新管理方式，大力培育发展社会组织的目标及任务，正随着时间的推移，而变得越来越强烈，越来越清晰、明确。因此，今后一段时期，如何发挥体育社会组织在体育公共服务体系建设中的作用，是体育部门面临的一个全新的课题。

民政部2014年工作要点中明确指出，要积极实施社会组织管理制度改革部署，激发社会组织活力，并进一步提出深化社会组织登记制度改革，推进行业协会商会脱钩，完善社会组织监管制度，优化社会组织发展环境，加强社会组织自身建设五个方面的具体要求。由此可见，顺应时代发展潮流，转变政府职能对社会组织采取通行的管理方式已成大势所趋。

可以肯定的是，今后政府对青少年体育俱乐部必须实行动态管理，要用多种方式加强俱乐部的管理服务，定期进行年检工作。为此，就必须要进一步完善评估工作，提高评估工作的准确性和科学性。同时，购买俱乐部的服务将成为体育行政部门的重要举措，各级政府应将对俱乐部的评估结果作为政府向社会组织转移职能、购买服务的重要依据和条件，这无疑再次体现出加强俱乐部评估工作的重要意义。同时，评估工作将是青少司转变对俱乐部的管理职能，顺应国家关于社会组织的政策转变，扶持行业协会发展的一项创举。

2.2 开展评估是体育行政部门管理俱乐部的抓手

以青少年体育俱乐部为主要形式的校外体育活动，是满足青少年体育健身需求、建在青少年身边的体育组织，是群众体育组织形式的创新，是体育部门加强青少年体育管理工作的一个抓手。根据这种认识，各地纷纷以评估为抓手，行使对青少年体育俱乐部的管理职责。目前，我国青少年体育俱乐部的评估已经陆续引起体育系统青少年体育主管部门的重视。部分省（区、市）在有关文件的宏观指导下，陆续研究制定了一系列的改革政策，通过加强对青少年体育俱乐部的检查和督导评估，强化科学管理，为青少年学校体育工作提供了政策保障。据不完全统计，辽宁、广东、浙江、上海、四川、宁夏、新疆等省（区、市）纷纷颁布并实施各自的“青少年体育俱乐部评估办法”（诸如以“青少年体育俱乐部创建及管理办法”“青少年体育俱乐部评估认定实施细则”“青少年体育俱乐部评估实施细则”“俱乐部工作评估细则”“青少年体育俱乐部管理工作评比办法”等作为命名），上述省（区、市）依据各自的“评估方案”已对俱乐部开展了评估检查工作。另外，诸多省（区、市）也纷纷酝酿开展俱乐部的评估工作。以评估作为抓手，已成为体育行政部门管理诸如青少年体育俱乐部这类社会组织的重要抓手。

青少年体育俱乐部相关评估政策的制定，提高了青少年体育俱乐部工作的管理效率，规范了青少年体育俱乐部工作人员的行为，但是这些评估举措仍然存在着一些需要解决的问题，主要表现在：实施评估的主体单一、评估的一级指标不统一且有待商榷、评估过程欠科学、评估的二级指标太过庞杂、评估方法缺乏理论支撑等。因此，研制出台《青少年体育俱乐部的评估办法与实施细则》的必要性已经不言而喻。《青少年体育俱乐部的评估办法与实施细则》的制定与实施，可以实现对俱乐部系统科学的管理，而俱乐部也可依照这一制度及时发现自身问题，促进组织能力提高，促进制度建设，规范俱乐部行为，强化自律，提高工作效率和公信力等，从而促进青少年体育俱乐部工作进入健康发展的良性循环。

2.3 开展评估是俱乐部健康有序发展的促进剂

为了积极响应全民健身计划运动的实施，认真贯彻落实《全民健身计划纲要》，推动青少年体育活动的开展，为青少年学生提供更多、更好的课外体育活动场所，推进素质教育的发展和全民族身体素质的提高，国家体育总局于1999年提出了利用体育彩票公益金扶持创建青少年体育俱乐部的工作思路，并于2000年首次下发了《关于进行青少年体育俱乐部试点工作的通知》。《通知》指出，要利用彩票公益金扶持全国各地创建的青少年体育俱乐部，主要任务是培养青少年体育兴趣、爱好和终身体育锻炼的习惯，增强青少年体质，并向其传授体育运动技能，发现和培养体育人才等。不难看出，这一出发点是明确且具体的。

如上所述，当前众多俱乐部在发展中存在着认知、态度、能力，以及体制、制度方面的困境，但也应该看到，也有部分俱乐部通过种种努力，正朝着健康有序发展的方向迈进。而不论是对于困境中的俱乐部，还是走上良性发展的俱乐部，开展评估都极具意义。对前者而言，评估是一种导向和提示，俱乐部可以据此加强改进自身运营管理方式；对后者而言，评估结果将成为一种肯定和激励，能够进一步激发这类俱乐部发挥示范作用。通过评估，可以为俱乐部的发展建立导向，可以达到密切关注青少年体育俱乐部所开展的各种活动，对其行为过程及结果进行有效控制的目的。同时，对俱乐部的健康有序发展还是一种必要的引导与激励。

综上所述，对青少年体育俱乐部进行必要的规范管理从而构建相应的制度框架，这是我国青少年体育俱乐部从发展之初就追求的课题，然而，长期以来这些通过自上而下建立起来的青少年体育俱乐部，在体制上并没有相应的法律法规和制度框架加以规范，其内部运作和管理也没有统一的模式和范本加以约束，几乎形成各行其道的、混乱的初始状态。针对俱乐部开展评估，建立一套良好有效的工作评估、检查、信息反馈、奖惩制度，已经不仅仅是业务主管部门工作上的需要，更是青少年俱乐部自身发展的客观需要，这是规范俱乐部管理，提高青少年体育工作质量的必然趋势。

（撰写人：肖林鹏）

3 俱乐部评估的基本依据

3.1 非营利组织的评估理论

由于非营利组织类型的多样性以及组织目标的多元性，非营利组织面临的发展问题各不相同。因此，需要评估工具解决的现实问题、考核与评估这些组织的方法也就不一而足。纵观世界各国非营利组织评估的实践与理论研究工作，一些有针对性的评估理论被应用并取得了较好效果。

3.1.1 “3E”评估理论

经济、效率与效果是政府、企业与非营利组织普遍关注的问题。在众多非营利组织评估理论中，“3E”评估理论在国际上较为流行，该理论所谓的“3E”指的是经济（Economy）、效率（Efficiency）与效果（Effectiveness）。从这三个方面对非营利组织进行评估有助于非营利组织绩效的提高。因此，“3E”评估理论在世界各国的非营利组织中得到了较为广泛的推广，这也是当前我国非营利组织评估关注的焦点。

但这种评估导向也存在一些负面影响，由于过分关注组织的经济、效率与效果，而忽略了组织其他方面的问题，一些非营利组织的发展出现了扭曲。例如，有的非营利组织实施的项目可以取得很好的经济、效率与效果，但是由于组织自身的能力没有得到全面的发展，往往是项目结束之时，也就是组织衰亡之日。仅仅关注项目对经济、效率与效果的评估，而忽略了实施项目的组织自身的能力建设，或者忽略了问责的要求，其结果是项目可以取得一定的成效，但是非营利组织本身却缺乏持续的发展能力，有的非营利组织甚至出现了一些滥用资源或腐败的现象。

3.1.2　“3D”评估理论

“3D”评估理论中的“3D”是指诊断（Diagnosis）、设计（Design）与发展（Development）。“诊断”是指非营利组织或项目的管理者能够正确识别组织或项目所面临的新的管理问题，能够考虑到主要的相关利益群体的需求与利益；“设计”是指组织或项目管理者能够通过适当的策略解决这些问题，能够设计解决这些问题所需要的恰当的结构与战略；“发展”是指一种解决组织或项目实施过程中所遇到问题的能力，以及相应的作为学习过程的管理变革或创新。

“3D”评估理论的优势在于它特别注重通过评估提升非营利组织自身的能力建设，通过评估帮助非营利组织完善；其局限性在于它难以定量化，更多的是通过定性评估，因而这种评估理论难以在不同组织之间进行比较。从而因为难以比较，也就无法根据评估的结果实施奖罚。

3.1.3　“顾客满意度”评估理论

“顾客满意度”评估发源于企业界，并在企业界得到了广泛的推广。所谓顾客满意度是指顾客感受到的服务质量达到其期望值的程度。它包括了解顾客的需求，并能迅速、准确地回应服务对象的需要，充分具备提供服务所需的知识与技能；热心接受顾客的要求；服务态度谦虚、有礼；能够倾听顾客的不同意见；非营利组织及其工作人员（包括志愿者）值得信赖；能够尊重顾客的隐私；被服务对象有畅通的投诉渠道等等。

然而，这一评估理论在应用于公共部门，特别是非营利部门时还存在一些不足。中国的一些公益项目评估实践表明，由于中国的弱势群体习惯于政府的救助，甚至认为政府的救助理所当然，因此对政府的救助期望值很高，满意程度偏低。相反，弱势群体对于民间资助机构的期望值往往较低，甚至没有特别明确的期望值，哪怕得到非营利组织一点点的资助，其满意程度都偏高。因此，用顾客满意度来评估非营利组织的绩效时，它并不是一个很敏感的、理想的指标。

3.1.4 “平衡计分卡”评估理论

平衡计分卡（简称BSC）指企业或组织立足于自身发展的战略使命，以创造良好业绩为目的，从财务、客户、内部流程和学习成长这四个维度来评价组织绩效，最终帮助组织达成使命和目标，为企业提供了一套系统科学的绩效评价体系。

平衡计分卡最早是由美国著名管理会计学家罗伯特·卡普兰和复兴方案公司总裁大卫·诺顿于1992年提出，当时提出平衡计分卡的主要用意是为了解决营利性企业组织在绩效评核中过分强调财务指标，寻求一种较为全面综合的绩效评估指标体系，以取代过去传统的单一财务指标评价的考核体系。最初的平衡计分卡包括四个相互独立而又互相联系的维度和一个核心：在财务、顾客、内部业务流程、学习与成长四个维度中，财务维度放在最高的位置上，这是由企业以营利为目的的基本属性所决定的，另三个维度则通过补充和支持，成为未来企业财务绩效的驱动因素。居于核心的是企业的远景和战略，四个维度均围绕该核心展开。

平衡计分卡克服了单一的财务性评价所带来的缺陷。但它依旧是以企业为参照点设计的，企业战略是以利润最大化原则为指导的，这与以强调“使命为先”的非营利组织和以“公平正义为先”的政府组织在战略追求上仍然有着巨大差异。因此，平衡计分卡只有不断地改进与完善，才能适应和满足非营利组织和政府部门绩效评估需要。

3.1.5 “APC”评估理论

“APC”理论是清华大学副教授邓国胜提出来的一种绩效评估指标体系。他结合中国非营利组织的特点和实际调查情况，分析了“3E”理论和“3D”理论的不足以及“顾客满意度”理论在中国实际运用中的缺陷，提出了从问责（Accountability）、绩效（Performance）和组织能力（Capacity）三个方面对非营利组织进行评估。组织能力评估的功能在于促进非营利组织自我生存与发展能力的提高、促进非营利组织达成组织使命。

总的来说，“APC”评估吸收了以往评估理论的精华，同时又克服了以往“3E”“3D”和“顾客满意度”评估理论的不足，它更有针对性、更适合中国的非营利组织、更有助于中国非营利组织的健康与可持续发展。

结合上述分析，我们对以上评估理论进行概况分析如表3-1所示，通过分析这几个主要评估理论发现，虽然每种评估理论有各自关注的评估侧重点，但是其评估内容仍然主要集中在组织的绩效与能力建设方面。组织的绩效与服务质量是衡量非营利组织宗旨的根本指标，而非营利组织自身能力建设状况又是决定组织能否或在多大程度上提供优质服务的关键性环节。也就是说，“工作绩效”和“能力建设”是各类评估理论中的核心内容。

表3-1　主要评估理论简单比较表

评估理论	评估内容	侧重点	不足之处
“3E”评估理论	经济、效率、效果	组织绩效	忽略组织其他方面的发展
“3D”评估理论	诊断、设计、发展	组织自身能力建设	难以定量化
“顾客满意度”评估理论	顾客对服务质量的满意度	服务质量	可能因顾客易满足而指标不敏感
“平衡计分卡”评估理论	财务、客户、内部流程、学习成长	自身发展的战略使命与业绩	基于利润最大化原则，适用性问题
“APC”评估理论	问责、绩效、组织能力	自我生存发展能力的提高	—

在评估内容的选择方面，不同于以上有固定模式的评估理论，也有学者提出，对体育类非营利组织的评估，评估内容的确定必须遵守三个原则：①评估内容必须结合业务主管部门和登记管理机关对体育非营利组织的要求；②评估内容必须围绕体育非营利组织的特性和它的功能来划定；③评估内容的选择以存在的问题为主线。这种评估内容实际上是考虑了非营利组织的规范性、非营利组织的自身建设问题，以及影响其发展的内外因素等几方面的问题。

对青少年体育俱乐部这一具体而特殊问题的评估，不可能完全照搬上述的任何一种理论。基于俱乐部的健康有序发展需要，必须依据现有评估理论科学演绎归纳出适合俱乐部评估的具体内容。

俱乐部在青少年体育俱乐部的评估工作中，评估内容要涉及组织运作的规范情况、组织的产出情况以及组织发展的可持续性等方面。组织运作的规范性主要通过“组织管理”指标反映，组织的产出情况主要通过“活动开展”和“工作成效”两个方面反映，而组织发展的可持续性主要通过“能力建设”指标反映。此外，考虑到体育服务工作的开展依赖于体育场地设施、经费与指导者等资源条件，因而将“基础条件”纳入到评估体系中。从发展性的角度看，作为绩效指标的“活动开展”和“工作成效”以及作为可持续性指标的“能力建设”是评估的核心内容。青少年体育俱乐部评估内容的这种结构性考虑实际上与以上各种评估理论的核心内容是一致的。

3.2 非营利组织的评估实践

非营利组织评估理论为评估实践提供了理论根据和操作模式，而评估实践则是对评估理论的应用，同时也是对评估理论的检验。在评估实践中形成的关于非营利组织评估的指标体系既是一种工作方案，同时也是前期大量理论准备工作的成果，因而也是提高非营利组织评估针对性、可操作性的有益探索。

2005年，由民政部立项的“中国民间组织评估框架与发展对策研究”课题组在民间组织评估理论的基础上，结合我国民间组织的基本情况，分析提出了包括“基础条件”“组织能力建设”“工作绩效”与“社会影响”四个版块内容的指标。之后，在民政部发文的民办非企业单位的评估指标中其一级指标包括“基本条件”“组织管理和能力建设”“业务活动”和“社会影响”等四个方面。

根据民政部关于建立民间组织评估机制的部署，自2005年开始，许多省市陆续开展了基于本地区民间组织的评估实践。这些地区在民间组织的评估实践中均探索和构建了一套评估指标体系，并在评估活动中应用取得了一定的成效。以山东省、湖北省、浙江省、青岛市、深圳市等5省市的评估实践为例，其评估内容分布在“基本条件”“业务活动”“自身建设”“财务资产状况”“组织建设”“内部管理”“能力建设”“监督管理”“社会影响”

与“业绩评价”等10个方面（表3-2）。通过分析可以看出，在以上评估内容中，“基本条件”“业务活动”“组织建设”“能力建设”“社会影响”5项内容在评估实践中被选作为一级指标的频数较多。其中，根据对深圳市“业绩评价”内容的分析，实际上就是“社会影响”指标的另一种表达方式。

表3-2　山东等5省市民间组织评估一级指标列表(△表示选择该项)

评估内容	山东省	湖北省	浙江省	青岛市	深圳市
基本条件		△	△	△	△
业务活动	△	△	△	△	△
自身建设	△				
财务资产状况	△				△
组织建设		△	△	△	△
内部管理		△			
能力建设		△	△	△	
监督管理		△			
社会影响		△	△	△	
业绩评价					△

由以上评估实践所采用的评估指标可以看出，虽然非营利组织的类型具有多样性特点，但是各地的评估指标也反映出突出的共性特点。共同指向围绕非营利组织根本目标的“产出与影响”、关系到其持续发展的“能力建设”状况、关系到非营利组织正常运转的“组织管理”与“资源条件”等方面。这些具有共性的评估指标和内容也正是青少年体育俱乐部评估必须考虑的。

3.3 青少年体育俱乐部的评估实践

目前已经有部分地方的体育主管部门针对俱乐部开展了评估工作，个别地方或俱乐部也根据自己的实际情况制定出一套评估标准或管理办法。但很多评估标准地方色彩浓重，指标过于具体冗余，本方案在参考部分地区现有的评估指标体系的基础上，综合考虑实施过程中的科学性与便捷性，最终确定了组织管理、基础条件、活动开展、能力建设、工作成效五类一级指标（表3-3）。

表3-3 部分地区青少年体育俱乐部评估指标情况及解析

序号	地区	一级指标	所占分值
1	辽宁省	领导重视	10
		组织健全	10
		建立规章制度	10
		场地设施	10
		业余训练	15
		场馆开放	10
		工作状态	15
		工作效果	20
		财务管理	10
2	广东省	领导重视	10
		组织健全	10
		设施完善	25
		活动普及	35
		管理规范	10
		宣传广泛	10

续表

序号	地区	一级指标	所占分值
3	浙江省	领导班子重视	8
		组织机构健全	14
		建立规章制度	12
		群体活动普及	15
		搞好业余训练	10
		开展活动条件	10
		经费收支管理	14
		俱乐部的宣传	8
		推进体育社会化	9
4	上海市	组织机构	8
		规章制度	8
		工作保障	10
		日常工作	28
		开展活动	40
		创新	6
5	长春市	组织与领导	10
		布局与任务	10
		场馆设施	10
		训练	8
		竞赛	8
		资金	6
		管理	8
		比赛成绩	15
		输送	25

（依体育总局青少司有关资料整理）

3.4 国家体育总局出台的规定

作为体育总局即将出台的政策性文件，必须符合体育总局的工作习惯，同时也要兼顾实施过程中的可操作性、工作效率等因素，我们通过搜集查阅国家体育总局发布的与我国青少年俱乐部有关的法律法规，行政规定或命令，以书面形式发布的领导讲话、发言和指示，长期发展规划，具体行动指南，程序说明、制度规定和相关通知等资料，了解了总局关于青少年体育俱乐部的政策演变以及现实要求，这也是指标确定的重要依据之一（表3-4）。

表3-4 青少年体育俱乐部有关政策规定

序号	文件名	关于俱乐部的要求
1	《1999年度体育彩票公益金用于扶持创办青少年体育俱乐部试点工作实施方案》	（一）领导重视青少年体育活动普及工作，能够为俱乐部提供保证使用的体育场馆设施、器材，必要的专职教练员或社会体育指导员。（二）具有广泛组织青少年开展形式多样的体育活动和各种青少年体育培训活动的能力。（三）本地区青少年体育活动有一定基础，通过创办该俱乐部能够带动周边地区青少年体育活动进一步广泛普及。（四）俱乐部创建后，能够建立良性循环、自我生存发展的运行机制。（五）优先选择大中城市和经济发达地区，及青少年喜爱并易普及的体育活动项目。
2	《体育彩票公益金用于创办第二批青少年体育俱乐部的实施方案》	俱乐部条件：（一）重视青少年体育活动普及工作，能够为青少年体育活动提供使用体育场馆设施和必要的专职教练员或社会体育指导员的指导。（二）具有广泛组织青少年开展多种形式体育活动和培训的能力，并积极吸纳青少年学生参加。（三）俱乐部成立后，自觉坚持公益性原则，不以营利为目的。 俱乐部活动要求：（一）俱乐部对周边学校及青少年学生优惠开放，保证学生会员每周能在俱乐部参加体育 活动2~3次。（二）节假日和双休日积极组织有益的小型多样的体育竞赛或交流、培训活动，吸引所在周边区域更多的青少年学生参加体育活动。（三）综合性的俱乐部每年吸纳青少年学生参加体育活动的人数一般不少于1000人，活动规模不少于20万人次。单项或小型俱乐部的人数一般不少于500人，活动规模不少于10万人次。

续表

序号	文件名	关于俱乐部的要求
3	《关于申报2008年国家级青少年体育俱乐部的通知》	青少年体育俱乐部到要民政部门完成民办非企业单位登记注册。青少年体育俱乐部章程、章程格式和内容必须符合《民办非企业单位登记管理暂行条例》第三章第十条的要求。
4	《关于申报2012年国家级青少年体育俱乐部的通知》	申报基本条件：（一）俱乐部已经取得“民办非企业”登记证书（属地体育部门协助没有取得登记证书的俱乐部进行注册登记，三个月内补齐），有独立银行账号，财务单独建账，并聘请一名具有执业资格的专职或兼职会计人员。（二）俱乐部属地的体育、教育行政部门重视和支持依托单位创建俱乐部工作。（三）依托单位必须是具有承办条件和能力的实体型机构，具有组织开展青少年体育活动的传统、能力和条件，并已开展俱乐部创建活动一年以上。（四）依托单位或俱乐部自身场地数量充足，设施配套齐全，各项功能完好，能够满足开展活动需要，并已向公众开放，俱乐部与依托单位签订场地设施使用协议书。（五）有固定办公场所，内设机构和规章制度健全。至少有一间以上（含一间）固定的专用办公室。内设机构至少应包括：办公室、培训部等；有规范的俱乐部章程，各项规章制度健全。（六）实行会员制，突出公益性，合理收取会员费，保障会员活动权益，年活动达到10万人次。（七）俱乐部专、兼职人员能够满足管理与运作需要。至少有一名以上（含一名）专职管理人员（一般情况下，俱乐部主任应为专职人员），至少有3名以上具有专业技术职称，并长期从事青少年体育教学或训练的教师、教练员或具有等级称号的社会体育指导员。

评估应该是规范俱乐部的一种长期性、经常性的工作，只有俱乐部评估成为一种经常性的工作，可行性才能显现出来。因此，对俱乐部评估工作进行必要的试验和探索，就要充分考虑到青少年体育俱乐部的发展现状及趋势，这也是确定评估指标的一个重要依据。

（撰写人：肖林鹏，孙荣会）

4 俱乐部评估的宗旨与原则

4.1 评估宗旨

青少年体育俱乐部开展评估的宗旨是，以科学、先进的现代非营利组织评估理论为支撑，依据国际及我国非营利组织的发展规范及趋势，围绕相关管理部门对俱乐部工作的基本要求，最终促进俱乐部的健康、有序、持续发展。

俱乐部评估工作应达到三个目标：①“以评促建”，通过评估引导俱乐部不断完善自身经营管理水平，促进俱乐部的自我建设、自我发展；②“以评促改”，通过评估引导俱乐部不断改进经营管理思路与发展模式，促进俱乐部健康发展；③“以评促管”，通过评估促进对管理部门对俱乐部管理的规范化、制度化，促进俱乐部的有序发展。

4.2 评估原则

俱乐部评估工作以评估指标及实施细则为核心，评估指标的设置应当符合以下几方面原则。

4.2.1 导向性原则

政策起着指挥棒的作用，评估指标体系的导向作用尤为突出。从整体上看，评估指标体系的设置引导着青少年体育俱乐部的发展和方向。

4.2.2 激励性原则

通过评估指标要能够激励俱乐部不断完善自身经营管理水平，不断改进经营管理思路与发展模式，促进俱乐部的实体化、制度化。

4.2.3 目标一致性原则

指标体系是目标的具体化，它必须充分地反映目标，同时还要考虑评估的公正性、有效性和评估结果的社会可接受性。

4.2.4 整体性原则

评估指标体系作为一个系统，应保持自己的整体性。指标是一个目标的某一个方面的规定，但是每一个指标都是根据同一个目标指标而设定的，具有整体一致性。指标是由目标分解而成的。因此，所有指标的总和应该能够体现完整的目标要求。

4.2.5 独立性原则

指标体系中的指标分别表示目标的不同方面，这些指标应该是相互独立的，否则，指标的不独立不仅会增加指标的数量，从而增加工作量，降低评估的可行性，而且将会加大某些因素的权重，造成指标的冗余，影响指标的科学性。

4.2.6 客观性原则

建立的指标体系应该客观可信、符合实际，这样才能比较确切地反映出评估的真实水平。只从主观出发，脱离具体实际，建立的指标体系就不会有生命力，也不能为人们所接受。

4.2.7 可测性原则

评估目标是通过指标体系中各指标对客体的实测来实现的。因此，要求所涉及的每一条指标所规定的内容都必须可以实际测量或观察并获得明确结论的。

4.2.8 简易可行性原则

简易，是指进行评估的实测者易于实施；可行，是指指标所要求提供的信息可实地取得，并具有实际意义。在人力、物力、时间和信息有限的情况下，指标的简易可行性是不可忽视的一个关键环节。

（撰写人：肖林鹏）

5 俱乐部评估的方法

在民间组织评估以选择的评估方法有多种，但是就某个具体组织的评估而言，并没有通告或通用的方法。在评估实践中，往往需要根据评估的目的、对象、可用资金，以及时间等因素来确定适用的方法。当前国内外比较流行的评估方法主要有功效系数法、两次记分法、综合评估法、逻辑框架法、人工神经网络法、模型方法等。

5.1 功效系数法

功效系数法是根据目标规划原理，将所要考核的各项指标分别对照不同分类和分档的对应标准，通过功效函数转化为可度量记分的方法。对每个评估指标先分别确定满意值和不允许值，然后以不允许值为下限，计算各指标实现满意值的程度，并转化为相应的评估分数，最后再加权计算综合指数。

功效系数法主要根据评估对象的特点，拟定不同侧面的多个评估目标，对多个变量进行分析判断，这个特点正好满足了民间组织评估体系多个目标、多层次、多因素的评估要求，可以在一定程度上避免由单一评估标准而造成评估结果偏差。

在实际应用中，可以根据评估值的范围，设置在相同条件下评估某项指标所参照的多个评估标准值，同时根据评估对象在评估标准范围内所处的位置与评估标准的距离，设置功效函数。

功效系数法作为一种定量评估的方法，具有规范、经济和不受各种主观因素干扰的特征，它能够通过精确的计量模型，比较客观、公正地判断出组织绩效的状况。

5.2 两次记分法

这种方法是从动态和静态两方面对同一对象分别进行考察记分。首先，先将各指标的实际数值与行业平均水平进行比较，改善的记1.5分，持平的记0.4分，下降的记0分；然后再与前期水平进行比较，改善的记1.5分，持平的记0.4分，下降的记0分；最后将两项评分相加，乘上所分配的权数后汇总得综合指数。

两次记分法可以从行业整体水平和评估对象自身改进这两个方面综合对被评估组织进行评估，评估思路比较全面。但是，这种方法过于粗略，容易使评估结果有很大的模糊性，另外，在初次评估时，被评估对象缺少前测值会影响这种方法的使用。

5.3 层次分析法(AHP)

层次分析法是美国著名运筹学家塞俄特（T.L.Saaty）提出的一种系统分析的综合方法，用于解决层次结构或网络结构等复杂评估系统的评估问题。它采用指标成对比较的方法构造比较判断矩阵，利用求解与最大特征根相对应的特征向量的分量作为相应权重系数的办法确定指标权重，并根据最低层次各指标权重和指标值对评估对象做出综合评估。该方法也可以先由多个专家构造比较矩阵，再综合给出评估结果。

层次分析法本质上是一种决策思维方式，该方法把复杂问题分解为各个组成因素，将这些因素按支配关系组合成有序递进的层次结构，通过两两比较的方式确定层次中诸因素的相对重要性，然后综合人的判断以决定诸因素的相对重要性及其总体次序。

层次分析法有很多优点：①层次分析法采用矩阵来计算，从理论上讲较为合理，而且有数学推导证明；②如果要调整考核指标权重，只需要调整相关的系数矩阵即可，而且相关矩阵还可以作为绩效评估定量分析的依据；③在实际运用中，能够将矩阵转换成曲线或图表等形式，从而可使考核结果直观呈现出来。

5.4 综合评估法

综合评估法是对多种因素所影响的事物或现象进行综合评估的方法。该方法根据综合评估的目标，对客观事物的影响因素进行分解，以构造不同层次的统计指标体系，然后再对这些指标赋值并确定其权重系数，最后采用综合评估模型进行综合，得到综合评估值，以此值进行排序和评估。

在综合评估法，指标赋值和指标权重系数确定构成了此方法的两大内容。在指标体系构建完成后，指标赋值用于将量纲不同、单位不一致、对总目标作用大小不一、不能直接相加的指标值过渡到可直接相加汇总的指标值。指标权重系数依据各导指标对总目标评估贡献份额的大小来确定。在实际应用中，综合评估模型又包括线性加权和、对数线性加权和、混合加权和等具体记分方法。

5.5 逻辑框架法

逻辑框架法又称逻辑框架矩阵表，是国际组织常用的一种项目开发设计、工作计划和考核评估的工具。该方法应用问题树、目标树和规划矩阵三种辅助工具来分解和分析问题，找出问题间的因果关系、目标—手段关系和外部制约条件。逻辑框架法通过建立宏观目标、具体目标、产出和投入四个层次的目标及因果关系，形成垂直逻辑关系，确定隶属各个目标层次、层次之间的因果链和重要的假定条件和前提。通过比较原预测目标、实际实现目标并分析变化与差距，形成水平逻辑关系。垂直逻辑关系和水平逻辑关系生成矩阵式框架结构—逻辑框架表，用来进行目标评估、实际的效果大小原因分析和今后的趋势分析等。

5.6 人工神经网络法

人工神经网络是用来模拟人体神经结构和智能的一个研究领域，因其具有独特的结构和处理信息的方法，使其在许多实际应用中取得显著成效。人工神经网络不需构建任何数学模型，只靠过去的经验和专家的知识来学习，通过网络学习达到其输出与期望输出相符的结果。网络所具有的自学能力使传统的专家系统技术应用最为困难的知识获取工作方式转换为网络的变化结构调节过程，它能根据已学会的知识和处理问题的经验对复杂问题做出合理的判断决策，给出较满意的解答，或对未来过程做出有效预测和估计。只要人们能够按照科学的数据选择参数构建网络模型，它即可获取数据中的专家经验数据，对各项评估指标进行判断，给出较为客观合理的结果。该方法由于尚处于研究开发阶段，其应用还受到一定限制。

5.7 评估模型方法

评估模型方法主要有如下几种：

线性加权模型。该模型具有直观性强，意义清晰，模型运算简单，速度快，易程序化等特点，适用于组织评估。

层次分析模型。层次分析模型对一个复杂的问题先把目标、准则、方案措施分层划分出来，再进行比较，后进行综合评分，通过计算可得出各指标的相对重要性，从而确定其权重，该方法适用于系统效能评估。

模糊分析模型。模糊分析模型建立在模糊集合基础上，评估方式与人们的正常思维模式接近，采用程序语言描述对象，其缺点在于指标难以把握，容易造成误判。该模型主要用于不确定的非线性系统的预测和评估。

通过对评估方法的对比分析，可以发现这些评估方法并不是相互排斥的。在评估工作中可以根据评估对象的特点选择适合其特点的方法。

根据非营利组织评估的成功的实践，青少年体育俱乐部的评估可采用层次分析法（AHP法）确定评估指标的权重。

层次分析法的主要步骤如下：

1. 建立层次结构模型。在深入分析实际问题的基础上，将有关的各个因素按照不同属性自上而下地分解成若干层次，同一层的诸因素从属于上一层的因素或对上层因素有影响，同时又支配下一层的因素或受到下层因素的作用。

2. 构造成对比较阵。从层次结构模型的第2层开始，对于从属于（或影响）上一层每个因素的同一层诸因素，用成对比较法和1—9比较尺度构造成对比较阵，直到最下层。

3. 计算权向量并做一致性检验。对于每一个成对比较矩阵计算最大特征根及对应特征向量，利用一致性指标、随机一致性指标和一致性比率做一致性检验。若检验通过，特征向量（归一化后）即为权向量：若不通过，需重新构造成对比矩阵。

4. 计算组合权向量并做组合一致性检验。计算最下层对目标的组合权向量，并根据公式做组合一致性检验，若检验通过，则可按照组合权向量表示的结果进行决策，否则需要重新考虑模型或重新构造那些一致性比率较大的成对比较阵。

（撰写人：孙荣会，王梦阳，杨晓晨）

6 俱乐部评估的指标体系

6.1 评估的整体框架

在参照前面分析中关于国内外民间组织评估理论、民间组织评估实践基础上，根据我国青少年体育俱乐部工作开展过程中面临的一些突出问题以及评估的主要目的，以规范性基础上的工作成效与可持续能力作为评估的主题，我们将青少年体育俱乐部评估的一级指标确定为“组织管理”“基础条件”“活动开展”“能力建设”和“工作成效”5个部分（表6-1）。

表6-1　国家级青少年体育俱乐部评估的一级指标

序号	一级指标	指标性质
1	组织管理	基础指标
2	基础条件	
3	活动开展	核心指标
4	能力建设	发展指标
5	工作成效	

“组织管理”“基础条件”两个指标是创办国家级青少年体育俱乐部的必备条件，本研究将其列为基础指标；“活动开展”指标是俱乐部围绕青少年所开展的主要业务活动，包括日常体育活动的开展、比赛交流、夏（冬）令营、体育培训与竞赛等是考评俱乐部的核心指标；“能力建设”“工作成效”反映

了俱乐部所具备的、能够产生良好绩效水平的生存能力、发展能力与创新能力等，这两个指标决定了俱乐部能否可持续发展，因此视为发展指标。一级指标的确定，构建了青少年体育俱乐部评估指标体系的基本框架。

6.2 评估的指标体系

青少年体育俱乐部评估指标体系的构建是一项复杂的系统工程，只有依靠科学、严谨、严格的程序才能保证指标体系的科学性和合理性。根据指标体系制定的基本程序：在前期的实际调查与座谈的基础上，通过查找文献获取相关信息和理论分析，确定初始指标体系，通过专家调查法对指标进行调整和修正，最终确定指标体系。

根据有关评估理论，我国青少年体育俱乐部评估指标体系的构建由以下几个步骤和环节构成。

6.2.1 实地调研工作获取现实经验

课题组在前期开展了广泛的调研工作，于2013年8月至11月先后对天津市、广东省、江西省等地区部分青少年体育俱乐部进行实地考察。通过实地考察，课题组获得了关于青少年体育俱乐部发展现状与问题的直观、详实的经验，这些经验为后期编制青少年体育俱乐部评估指标体系奠定了重要的现实基础。

6.2.2 青少年体育俱乐部评估指标体系的理论基础的构建

青少年体育俱乐部是民间组织的基本类型。对于民间组织的评估在国内外已经有较为广泛的开展（包括在当前一些省市和地区已经开展了本地区的青少年体育俱乐部评估工作），并且形成了关于各类民间组织的评估理论，完成了一些可以参考的评估实践。虽然民间组织的类型广泛、差别较大，评估的目的不尽相同，构建和采用的评估理论也各有侧重，但是关于评估的基本角度、基本框架、基本原则等理论问题对于青少年体育俱乐部评估理论的构建是一种重要的参考。系统整理和分析多元化的民间组织评估理论为构建青少年体育俱乐部理论框架奠定了基本的理论基础。

6.2.3 查阅文献资料获取青少年体育俱乐部相关信息

收集以青少年体育俱乐部、民间组织评估等为关键词的文献资料，着重关注文献中对民间组织、青少年体育俱乐部现状、质量、服务与评估的相关研究，获取有用信息。通过对这些文献资料的收集分析，可以迅速了解青少年体育俱乐部现状与发展问题的相关信息，为课题组尽快构建青少年体育俱乐部评估的基本理论框架奠定了理论基础。

6.2.4 建立初始指标体系

评估指标体系要求其指标具有完整性，但并不是说指标越多越好。指标x与目标y之间的相关系数越小，x越可以删除；指标x_1和指标x_2之间的相关系数越大，越可删除其中的一项。我们可以根据这样的原理，根据可能有的人力、物力等资源以及评估结果要求的准确程度对指标进行简化。

对青少年体育俱乐部评估指标构建的过程可如图6-1所示。

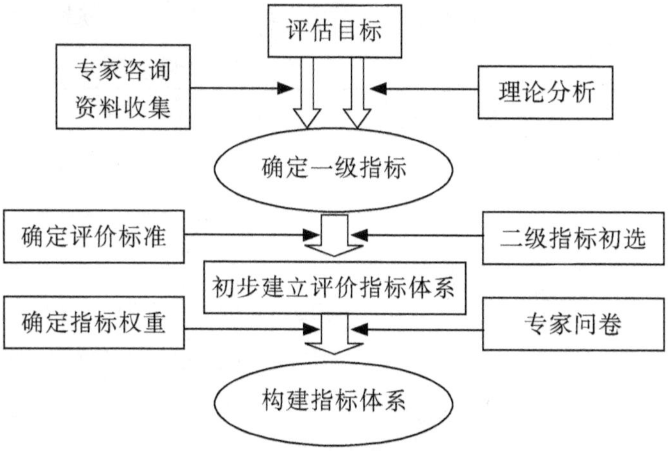

图6-1 青少年体育俱乐部评价体系流程

在实地考察、查阅方面和理论综述等环节之后，对关于青少年体育俱乐部发展、运行、成效等主要内容进行细化，形成青少年体育俱乐部评估的初始指标体系（表6-2），该体系包括5项一级指标、17二级指标和46项三级指标的指标体系。

表6-2　青少年体育俱乐部评估指标体系（初始）

一级指标	二级指标	三级指标
A1—组织管理	B1—法人资格	C1—注册情况
		C2—法人产生方式
		C3—法人身份情况
	B2—组织结构	C1—组织机构形式
		C2—组织机构健全情况
		C3—专兼职管理人员情况
	B3—管理制度	C1—规章制度健全情况
		C2—财务独立情况
		C3—专兼职会计人员情况
		C4—管理制度落实情况
	B4—发展规划	C1—发展规划类型
		C2—发展规划执行情况
A2—基础条件	B1—场地设施	C1—场地设施数量
		C2—场地设施功能
		C3—办公场所情况
	B2—经费	C1—扶助资金使用情况
		C2—用于俱乐部活动开展费用的支出比例
		C3—工资和行政支出比例
	B3—指导者	C1—指导者资质是否达标
		C2—指导者能力是否达标
		C3—长短期指导者比例
		C4—指导者与会员比例

续表

一级指标	二级指标	三级指标
A3—活动开展	B1—日常活动	C1—会员参加日常活动次数
		C2—会员参与日常活动种类
	B2—竞赛与交流	C1—组织比赛与交流活动的次数
		C2—组织比赛与交流活动的形式
	B3—培训活动	C1—培训活动的类型
		C2—培训活动的时间
A4—能力建设	B1—经营创收	C1—经营增长率
		C2—经营创收手段
		C3—俱乐部盈亏状况
	B2—服务拓展	C1—能拓宽开展项目、形式
		C2—租用/投入使用新增场地设施
	B3—宣传推广	C1—宣传活动形式
		C2—宣传活动数量
	B4—创新与特色	C1—创新方式
		C2—创新特色
A5—工作成效	B1—会员发展成效	C1—输送后备人才情况
		C2—会员成绩与奖励
		C3—会员体质监测达标情况
	B2—会员满意度	C1—会员增长率情况
		C2—会员数量稳定情况
	B3—社会影响	C1—社会关注情况
		C2—家长支持情况
		C3—社区服务情况
		C4—主管部门评价

6.2.5 确定评估指标体系（进行专家调查）

专家调查法是以专家作为索取信息的对象，依靠专家的知识和经验，由专家通过调查研究对问题作出判断、评估和预测的一种方法。通过专家调查法能够在短时间内有效集中专家智慧。专家调查法在科学研究和实践工作中被广泛用来解决问题。

由于进行大面积的青少年体育俱乐部的普查不太现实，评估指标体系中选取哪些方面和问题作为评估的角度和指标、每一个观察点在整个评估指标体系中应占有多大的分量，诸如此类问题单靠课题组难以保证其科学性、合理性，而通过专家调查法是及时、有效解决以上问题的合理方法。课题组对14位青少年体育俱乐部方面的专家开展了青少年体育俱乐部评估指标体系主题的调查。专家构成中包括来自体育局系统、依托单位（学校、业余体校、运动项目管理中心）、俱乐部和高校的管理人员和学者等各类专家。专家调查法通过两轮背靠背的问卷调查，分别进行了评估指标优化和指标权重确定两项工作。其中，第一轮专家调查主要请专家对评估指标进行修改、增加、删减、调整等优化，第二轮专家调查主要为评估指标体系的权重进行经验赋值。

表6-3 参加专家调查的专家名单

序号	姓名	单位	职务	职称等
1	崔爽生	天津市南开区体育局	科长	
2	罗茜	广东省体育局青少年体育处	科长	
3	严庆中	中山市体育局学校体育科	科长	
4	邓广庭	广州市体育群体处	处长	
5	王肇敏	天津南开中学南开五虎俱乐部	主任	俱乐部负责人
6	陈明	广州市七中青少年体育俱乐部	主任	俱乐部负责人
7	刘慧	江西省新余市新钢一小	副校长	俱乐部负责人
8	曾广平	深圳市业余体育运动学校	校长	俱乐部负责人
9	丁宁涛	广州市羽毛球运动管理中心	书记	俱乐部负责人

续表

序号	姓名	单位	职务	职称等
10	肖淑红	北京体育大学管理学院	博导	博士，教授
11	孙宝柱	天津商业大学体卫部	体育部主任	教授
12	王慧琳	天津体育学院图书馆	图书馆馆长	博士，教授
13	刘勇	湖北大学体育学院	院长	教授
14	李相如	首都体育大学休闲体育系	主任	教授

6.2.6 指标体系调整

根据第一轮专家调查法的结果可以发现，无论从专家提出的具体问题还是根据专家评分的情况等方面看，课题组编制的青少年体育俱乐部评估指标体系具有较高的认可度。专家调查表中要求专家对每一指标的重要性给出评定，以1~5分为评分区间。根据一般经验，在专家调查中，专家对某个问题的认可程度（用平均得分或平均得分占总分的比例反映）达到80%以上就被认为是效度较高的指标了。为扩大问题指向和查找问题的范围，课题组按平均得分占总分比例进行区分，并以85.0%为考虑取舍或修改的上限（表6-4）。由表6-4可以看出，专家反馈得分稍低的三级指标分布在所有五项一级指标中；专家对于一级指标和二级指标重要性的评定，没有一项是低于85.0%的，而低于该标准的11项指标都属于三级指标。在低于85.0%的11项三级指标中，仅有一项是低于80.0%的。

表6-4 第一轮专家反馈得分低于85.0%的指标

序号	一级指标	二级指标	三级指标	占总分比例
1	A1	B1	C2—组织机构健全情况	84.3%
2	A1	B1	C3—专兼职管理人员情况	82.9%
3	A1	B3	C3—专兼职会计人员情况	81.4%
4	A1	B4	C1—发展规划类型	82.9%
5	A2	B1	C3—工资和行政支出比例	77.1%

续表

序号	一级指标	二级指标	三级指标	占总分比例
6	A2	B3	C4—指导者与会员比例	82.9%
7	A3	B1	C2—会员参与日常活动种类	82.9%
8	A3	B2	C2—组织比赛与交流活动的形式	82.9%
9	A4	B3	C2—宣传活动数量	84.3%
10	A5	B1	C1—输送后备人才情况	82.9%
11	A5	B1	C2—会员成绩与奖励	81.4%

注：三级指标代码由大写英文字母和阿拉伯数字组成。表中大写英文字母A、B、C分别表示一、二、三级指标，数字1、2、3、4与字母组合表示每级中的第几项指标。

根据第一轮专家调查反馈的情况与问题，对评估指标体系进行的调整的、或特别做出说明的主要集中在以下几个方面：

（1）将初始表中“A2—基础条件/ B1—场地设施”中的“C3—办公场所情况”移到“A1—组织管理/ B1—法人资格”的三级指标中，指标代码改为“C4”。该项改动主要考虑到办公场所与场地设施在性质差别方面，此处的场地设施主要是指用于青少年体育参与的体育场馆与运动场地及其设施，而办公场所不属于此种情况，相对来说，此指标更适合用于考查俱乐部的法人资格情况。

（2）表6-4中序号第二项对应的指标“C3—专兼职管理人员情况”主要考察青少年体育俱乐部管理人员中专职与兼职人员数量与结构情况，专兼职管理人员的情况同时也是反映俱乐部运行稳定性的一个基本指标。基于以上考虑，保留该项指标。

（3）表6-4中序号第一项对应的指标“组织机构健全情况”是列入修改讨论范围的得分最高的一项。由于青少年体育俱乐部作为一种社会组织，在发育、发展的初期阶段其自身的建设情况必然是影响甚至决定其运行的规范性、体制性要素，在评估中将其作为考察点具有现实意义的。因此，保留该项指标。

（4）表6-4中序号第3项，原指标为“专兼职会计人员情况”。会计人员仅是财会关系中的一个方面，而财会是财务、会计的并称，其中财务泛指财务活动和财务关系，是指企业再生产过程中的资金运动，它体现企业和各方面的关系，也指从事财务工作的人员。综上原因，此项指标将“会计人员”改为“财会人员”。

（5）表6-4中序号第5项对应的指标“工资和行政支出比例”在专家反馈中得分最低。该项指标主要在于考察青少年体育俱乐部在工资和行政支出方面的合理性。分析得分低的原因可能在于其意思表达不清，该表达容易理解为工资与行政支出两项之间的比例，而事实上该指标是测算单位时间内工资总额以及行政支出总额占该段时间内总收入的比例。因此，将该指标改为“工资和行政支出所占比例”。

（6）表6-4中其余几项指标，包括发展规划类型、指导者与会员比例、会员参与日常活动种类、组织比赛与交流活动的形式、宣传活动数量、输送后备人才情况、会员成绩与奖励等指标，分别涉及战略规划、指导者配备、人才培养情况，同时也是上一级指标的结构性构成内容，因而不宜删除。

（7）其他一些修改建议：在发展规划中增加“运行指标”；在场地设施方面增加“维护与管理”“场地使用率”以及“开放程度”；在培训活动中增加“营地活动”；增加“组织会员活动次数”指标；在宣传推广指标中增加“宣传推广的范围与深度”；在会员发展成效指标中增加“会员运动水平”；在会员满意度中增加“会员自我评价”；在社会影响指标中增加“媒体支持”“家长满意度”“向社会开放”等指标。以上这些指标或者可以归到已有的某指标中，或者与已有指标重复，或者因为难于操作化，或者因为过于细化而又远离主题而未加采用。

总体来看，第一轮针对评估指标合理性的专家调查较好地支持了课题组的方案，没有提出结构性的颠覆意见。这种情况也表明课题组在前期的评估指标体系撰写过程中，若干轮的反复调整与修改起到了较好的完善效果。

通过第一轮专家调查法收集到的专家关于青少年体育俱乐部评估指标体系的各类意见和建议，课题组对初始指标体系进行了调整。形成了包括5项一级指标、17二级指标和46项三级指标的指标体系（表6-5）。

表6-5　青少年体育俱乐部评估指标体系(调整后)

一级指标	二级指标	三级指标
A1—组织管理	B1—法人资格	C1—注册情况
		C2—法定代表人产生方式
		C3—法定代表人身份情况
		C4—办公场所
	B2—组织结构	C1—组织机构形式
		C2—组织机构健全情况
		C3—专兼职管理人员情况
	B3—管理制度	C1—规章制度健全情况
		C2—财务独立情况
		C3—专兼职财会人员情况
		C4—管理制度落实情况
	B4—发展规划	C1—发展规划类型
		C2—发展规划执行情况
A2—基础条件	B1—场地设施	C1—场地设施数量
		C2—场地设施功能
	B2—经费	C1—扶助资金使用情况
		C2—用于俱乐部发展的费用占总收入的比例
		C3—工资和行政支出所占比例
	B3—指导者	C1—指导者资质是否达标
		C2—指导者能力是否达标
		C3—长短期指导者比例
		C4—指导者与会员比例

续表

一级指标	二级指标	三级指标
A3—活动开展	B1—日常活动	C1—会员参加日常活动频率
		C2—会员参与日常活动种类
	B2—竞赛与交流	C1—组织比赛与交流活动的次数
		C2—组织比赛与交流活动的形式
	B3—培训活动	C1—培训活动的类型
		C2—培训活动的时间
A4—能力建设	B1—经营创收	C1—经营收入增长率
		C2—创收途径
		C3—俱乐部盈亏状况
	B2—服务拓展	C1—能拓宽开展项目、形式
		C2—租用/投入使用新增场地设施
	B3—宣传推广	C1—宣传活动形式
		C2—宣传活动数量
	B4—创新与特色	C1—创新方式
		C2—创新特色
A5—工作成效	B1—会员发展成效	C1—输送后备人才情况
		C2—会员成绩与奖励
		C3—会员体质监测达标情况
	B2—会员满意度	C1—会员增长率
		C2—会员数量稳定情况
	B3—社会影响	C1—社会关注情况
		C2—家长支持情况
		C3—社区服务情况
		C4—主管部门评价

6.2.7 确定评估指标体系各项指标的权重

青少年体育俱乐部评估指标体系一个由众多指标组成的、面向青少年体育俱乐部各个方面的指标的集合。在青少年体育俱乐部运行中起作用的因素众多，作用方式各不相同，作用的大小不一。在对青少年体育俱乐部的综合评估中，就需要对各项指标在整个指标体系中的作用大小进行客观量化。也就是给各项指标赋值确定权重。该项目采用专家调查法确定各项指标的权重。

问卷中特殊数据的处理如下：

在标号为4和10的两份问卷中，出现权重赋值错误问题。其中第4份问卷，针对A2/B2中3项三级指标的权重赋值，分别为30、30和20，其累计值不足100分；第10份问卷中针对A3中3项二级指标权重的赋值，分别为25、25和25，其累计值不足100分。这两例错误在该类调查中属于常见失误类型。一般是由于专家在面对多项合计与计算的问题时大意而造成的。错误值的处理办法是采用均值插补的方法，即以对应的数值的平均值替换原值。另外，还应注意两种情况：这两例错误值都是以3个数合计为100的情况；专家对评估指标的赋值是以5分为基本单位的。根据以上三点，具体的操作方法确定为以对应均值替代该错误值并按个位数四舍五入的原则计为尾数是以5或0的数值。

另外，第8份和第12份问卷关于一级指标的赋值中有非0或5的数值，按以上操作方法处理。

通过对14位专家意见的综合，计算青少年体育俱乐部评估指标体系各项指标的权重。权重的计算利用自平均数集中专家的意见，权重的计算公式为：

$$a_j = \sum_{i=1}^{n}(a_{ji})/n \quad j=1,2,\cdots,m$$

式中，n为咨询专家的数量

m为评估指标总数

a_j 为第j项评估指标权重的算术平均值

a_{ji} 为第i个专家给第j项评估指标的打分值

为识别专家对评估指标赋值的差异性，对应以算术平均数计算的权重系数，还引入了简化标准差的概念及操作方法。如上所述，专家在对评估指标进行权重赋值时，除个别例外（前文已经指出），均采用5为基本单位，也就是说，专家的赋值变化是增加或减少5或5的若干倍的方式。简化标准差以每项评估指标的权重值为基础，除以基数5，取得，其基本作用是揭示专家在该项指标赋值方面的差异性，即差别多少个基本单位（表6-6）。

表6-6 青少年体育俱乐部评估指标体系各指标权重与简化标准差

序号	一级指标	二级指标	三级指标	权重	简化标准差	序号	一级指标	二级指标	三级指标	权重	简化标准差
1	A1	——	——	0.1893	0.43	35	A1	B4	C2	0.5821	1.45
2	A2	——	——	0.1714	0.51	36	A2	B1	C1	0.5000	1.62
3	A3	——	——	0.2071	0.36	37	A2	B1	C2	0.5000	1.62
4	A4	——	——	0.2250	0.65	38	A2	B2	C1	0.3107	1.76
5	A5	——	——	0.2071	0.36	39	A2	B2	C2	0.3821	1.08
6	A1	B1	——	0.2429	0.86	40	A2	B2	C3	0.3071	2.03*
7	A1	B2	——	0.2429	1.17	41	A2	B3	C1	0.2643	0.73
8	A1	B3	——	0.2821	0.93	42	A2	B3	C2	0.2893	0.58
9	A1	B4	——	0.2321	1.01	43	A2	B3	C3	0.2143	0.61
10	A2	B1	——	0.3607	1.48	44	A2	B3	C4	0.2321	0.74
11	A2	B2	——	0.3286	1.16	45	A3	B1	C1	0.5786	0.85
12	A2	B3	——	0.3107	1.12	46	A3	B1	C2	0.4214	0.85
13	A3	B1	——	0.3357	1.82	47	A3	B2	C1	0.5500	1.30
14	A3	B2	——	0.3000	1.30	48	A3	B2	C2	0.4500	1.30
15	A3	B3	——	0.3643	1.68	49	A3	B3	C1	0.4857	1.14
16	A4	B1	——	0.2643	1.38	50	A3	B3	C2	0.5143	1.14

续表

序号	一级指标	二级指标	三级指标	权重	简化标准差	序号	一级指标	二级指标	三级指标	权重	简化标准差
17	A4	B2	——	0.2536	1.14	51	A4	B1	C1	0.3036	1.54
18	A4	B3	——	0.2321	0.74	52	A4	B1	C2	0.3429	1.10
19	A4	B4	——	0.2500	1.47	53	A4	B1	C3	0.3536	1.54
20	A5	B1	——	0.3464	1.07	54	A4	B2	C1	0.5071	1.29
21	A5	B2	——	0.3321	0.84	55	A4	B2	C2	0.4929	1.29
22	A5	B3	——	0.3214	0.94	56	A4	B3	C1	0.5143	1.38
23	A1	B1	C1	0.2750	1.16	57	A4	B3	C2	0.4857	1.38
24	A1	B1	C2	0.2321	1.01	58	A4	B4	C1	0.4750	0.85
25	A1	B1	C3	0.2536	1.14	59	A4	B4	C2	0.5250	0.85
26	A1	B1	C4	0.2393	1.42	60	A5	B1	C1	0.3286	1.99*
27	A1	B2	C1	0.3107	0.89	61	A5	B1	C2	0.3036	1.21
28	A1	B2	C2	0.3607	0.80	62	A5	B1	C3	0.3679	1.50
29	A1	B2	C3	0.3286	0.94	63	A5	B2	C1	0.4643	1.82*
30	A1	B3	C1	0.2750	1.02	64	A5	B2	C2	0.5357	1.82*
31	A1	B3	C2	0.2536	1.27	65	A5	B3	C1	0.2679	0.93
32	A1	B3	C3	0.1929	1.03	66	A5	B3	C2	0.2643	0.73
33	A1	B3	C4	0.2786	1.40	67	A5	B3	C3	0.2464	0.62
34	A1	B4	C1	0.4179	1.45	68	A5	B3	C4	0.2214	0.76

注：三级指标代码由大写英文字母和阿拉伯数字组成。表中大写英文字母A、B、C分别表示一、二、三级指标，数字1、2、3、4与字母组合表示每级中的第几项指标。

由表6-6可以看出，只有序号为40的指标“A2/ B2/ C3”的简化标准差超过2，表明专家的赋值围绕30分有2个基本单位的波动。另外，还有序号为60、63、64的3项指标在权重赋值方面存在较大的差异（表中用*标出）。除此之外的指标赋值差异则相对较小。对于权重赋值差异较大的指标，“工资和行政支出所占比例”“会员增长率”和“会员数量稳定情况”与其他指标的权重值采取同样的计算方法，即均值法确定。

根据以上原则，青少年体育俱乐部评估指标权重采用专家的综合意见，其结果见表6-7。

表6-7 青少年体育俱乐部评估指标体系各指标权重

一级指标	二级指标	权重	三级指标	权重
A1—组织管理 (0. 1893)	B1—法人资格	0.2429	C1—注册情况	0.2750
			C2—法定代表人产生方式	0.2321
			C3—法定代表人身份情况	0.2536
			C4—办公场所	0.2393
	B2—组织结构	0.2429	C1—组织机构形式	0.3107
			C2—组织机构健全情况	0.3607
			C3—专兼职管理人员情况	0.3286
	B3—管理制度	0.2821	C1—规章制度健全情况	0.2750
			C2—财务独立情况	0.2536
			C3—专兼职财会人员情况	0.1929
			C4—管理制度落实情况	0.2786
	B4—发展规划	0.2321	C1—发展规划类型	0.4179
			C2—发展规划执行情况	0.5821

续表

一级指标	二级指标	权重	三级指标	权重
A2—基础条件（0.1714）	B1—场地设施	0.3607	C1—场地设施数量	0.5000
			C2—场地设施功能	0.5000
	B2—经费	0.3286	C1—扶助资金使用情况	0.3107
			C2—用于俱乐部发展的费用占总收入的比例	0.3821
			C3—工资和行政支出所占比例	0.3071
	B3—指导者	0.3107	C1—指导者资质是否达标	0.2643
			C2—指导者能力是否达标	0.2893
			C3—长短期指导者比例	0.2143
			C4—指导者与会员比例	0.2321
A3—活动开展（0. 2071）	B1—日常活动	0.3357	C1—会员参加日常活动频率	0.5786
			C2—会员参与日常活动种类	0.4214
	B2—竞赛与交流	0.3000	C1—组织比赛与交流活动的次数	0.5500
			C2—组织比赛与交流活动的形式	0.4500
	B3—培训活动	0.3643	C1—培训活动的类型	0.4857
			C2—培训活动的时间	0.5143

续表

一级指标	二级指标	权重	三级指标	权重
A4—能力建设（0.2250）	B1—经营创收	0.2643	C1—经营收入增长率	0.3036
			C2—创收途径	0.3429
			C3—俱乐部盈亏状况	0.3536
	B2—服务拓展	0.2536	C1—能拓宽开展项目、形式	0.5071
			C2—租用/投入使用新增场地设施	0.4929
	B3—宣传推广	0.2321	C1—宣传活动形式	0.5143
			C2—宣传活动数量	0.4857
	B4—创新与特色	0.2500	C1—创新方式	0.4750
			C2—创新特色	0.5250
A5—工作成效（0.2071）	B1—会员发展成效	0.3464	C1—输送后备人才情况	0.3286
			C2—会员成绩与奖励	0.3036
			C3—会员体质监测达标情况	0.3679
	B2—会员满意度	0.3321	C1—会员增长率	0.4643
			C2—会员数量稳定情况	0.5357
	B3—社会影响	0.3214	C1—社会关注情况	0.2679
			C2—家长支持情况	0.2643
			C3—社区服务情况	0.2464
			C4—主管部门评价	0.2214

6.3　评估指标解读

该项目构建的青少年体育俱乐部评估指标体系是一个包含5个一级指标、17个二级和46个三级指标共计68个指标的体系（表5-5 青少年体育俱乐部评估指标体系）。这个指标体系同时也是多元复杂指标的集合体，其中既包含着一些专门概念，又涉及指标之间的一些可能关系，也可能涉及评估指标在评估中的特定理解以及具体的操作化方式。鉴于这种情况，对于指标体系中的各项指标做以下简要说明。

A1组织管理

该项指标关注的是青少年体育俱乐部作为民办非营利企业的合法性、规范性和战略性问题。主要考察青少年体育俱乐部是否符合法律所要求的基本条件，其组织机构和管理制度是否建立健全，是否制定和实施了各类中长期的发展规划。

B1法人资格

法人是具有民事权利能力和民事行为能力，依法独立享有民事权利和承担民事义务的组织。我国《民法通则》规定，法人资格的构成应当具备4项基本条件：①依法成立；②有必要的财产或者经费；③有自己的名称、组织机构和场所；④能够独立承担民事责任。法人资格是组织成立以及合法开展活动与管理的前提，因此也是评估青少年体育俱乐部规范性的重要内容。在该指标体系中，法人资格主要考查青少年体育俱乐部的依法成立情况、场所情况以及主要负责人产生方式及其身份情况。

C1注册情况

该项指标关注的是青少年体育俱乐部是否向登记管理机关依法申请并完成登记。青少年体育俱乐部主要包括在民政部门注册的民办非企业单位和工商部门注册的营利性单位两种类型，无论注册为哪种类型，均符合青少年体育俱乐部工作的要求，具有合法性。

C2法定代表人产生方式

法定代表人是俱乐部依法代表法人行使民事权利，履行民事义务的主要负责人。为保障俱乐部按章程自主开展工作，法定代表人需要按照俱乐部章程规定的程序产生。

C3法定代表人身份情况

法定代表人既是青少年体育俱乐部的主要负责人，对履行组织的宗旨具有重要影响，同时在法定代表人的变更等环节，是登记管理机关、业务主管单位进行财务审计的对象。

《民办非企业单位登记管理暂行条例》规定需要提供法定代表人或单位负责人的基本情况、身份证明；另外，为保证青少年体育俱乐部组织的独立性和资产免受侵占、私分或者挪用，需要法定代表人未兼任其他组织的法定代表人或党政领导，兼任负责人要经过报批。

C4办公场所

有必要的场所是申请登记民办非企业单位应当具备的基本条件之一。主要强调俱乐部拥有一定面积的办公用房并配备自动化办公系统。

B2组织结构

组织结构是青少年体育俱乐部的全体成员为实现组织目标，在管理工作中进行分工协作，在职务范围、责任、权利方面所形成的结构体系。主要包括机构设置情况、组织机构的形式以及管理人员情况。

C1组织机构形式

组织机构形式主要是指青少年体育俱乐部为协商、征求意见或讨论问题而召开的会议或对内对外决策权利的组织形式。主要包括理事会和董事会形式。

C2组织机构健全情况

组织机构是青少年体育俱乐部为实现其组织目标、任务等进行的部门设置。该指标反映青少年体育俱乐部的职能分工情况。根据青少年体育俱乐部日常工作的需要，一般应设立办公室、场地部、训练部、宣传部、财务部等办事机构。

C3专兼职管理人员情况

管理人员是负责青少年体育俱乐部日常工作与运转的工作人员。根据工作需要和效益原则，青少年体育俱乐部的管理人员一般包括专职和兼职两种类型。

专职工作人员，指以青少年俱乐部工作为主要职业，并且从青少年体育俱乐部领取报酬的人员，也包括在原单位保留人事关系，被委派或者受聘到青少年体育俱乐部工作的人员、全职返聘的离退休人员、社会招聘的人员等。

对俱乐部而言，一般应至少有1~2名以上的专职管理人员。

B3管理制度

管理制度是青少年体育俱乐部开展工作的规章制度的总称。在该评估指标体系中主要考核管理制度的健全情况及其落实情况，财务独立情况和会计人员的情况。

C1规章制度健全情况

青少年体育俱乐部的规章制度主要包括或涉及俱乐部章程、财务管理办法、安全保障措施、场地设施管理办法、收费管理规定、会员管理规定、档案管理规定、岗位职责等规章制度类型。

C2财务独立情况

根据《民办非企业单位登记管理暂行条例》规定，青少年体育俱乐部应设立独立银行账户。

C3专兼职财会人员情况

有专职的或连续在青少年体育俱乐部工作的兼职的、拥有会计资质的财会人员。会计与出纳分开设置，定岗定责，各司其职。

C4管理制度落实情况

管理制度的落实情况以各项制度得到有效执行、没有公众投诉或审计问题为考核点。

B4发展规划

发展规划是关系到青少年体育俱乐部发展规模、速度、措施、前景、目标等问题的战略性、前瞻性、导向性发展计划。该指标体系中主要考核发展规划的类型及其全面性、发展规划的执行情况。

C1发展规划的类型

主要指宣传计划，年度活动计划，大型活动计划等各种长、中、短期规划。

C2 发展规划执行情况

该指标主要考查青少年体育俱乐部的各类长短期的规划与活动计划是否得到执行。

A2基础条件

该项指标关注的是青少年体育俱乐部赖以开展工作的资源与条件情况。主要考察青少年体育俱乐部在人、财、物方面的情况，该项指标包括青少年体育俱乐部的指导者、经费与场地设施等问题，并以基础条件的数量、质量与使用的规范性方面作为侧重考察的维度。

B1场地设施

C1场地设施数量

场地设施是青少年体育俱乐部开展活动的基本物质条件，场地设施的面积和数量决定了服务青少年规模。开民青少年体育俱乐部活动需要场地数量充足，设施配套齐全，能够满足开展活动需要。

C2场地设施功能

多元功能的体育场地设施可以较好地满足青少年多元化的体育需求。此处体育场地设施的功能主要侧重指场地设施的种类及其功能完好。

B2经费

C1扶助资金使用情况

根据青少年体育俱乐部获得的扶助资金应专项专用，不得截留和挪作他用。

C2用于俱乐部活动开展费用的支出比例

青少年体育俱乐部的经费应主要用于广泛开展青少年体育活动。该指标体系中以用于活动开展的费用占费用总额的比例大小反映。

C3工资和行政支出比例

工资和行政支出占经费总额的比例应控制在一定限度内。

B3指导者

指导者主要包括在青少年体育俱乐部组织、管理、指导青少年体育参与的体育老师、教练和社会体育指导员。

C1指导者资质是否达标

负责青少年体育俱乐部活动开展、培训以及竞赛活动的指导者应具有相应的资格认定证书或等级证书，主要指教师资格证、教练员证书、社会体育指导员证书、运动员技术等级证书和裁判员等级证书等。

C2指导者能力是否达标

指导者能力主要指各类指导者在开展青少年体育工作的各个环节中的实践能力。新聘指导者需通过相应实践考核。

C3长短期指导者的比例

长期指导者指与青少年体育俱乐部签订长期劳动合同的指导者，短期指导者主要是指临时性指导者。

C4指导者与会员比例

青少年体育俱乐部的指导者总数与会员总数之比。

A3活动开展

该项指标关注的是青少年体育俱乐部的存在与活动形式。主要考察青少年体育俱乐部围绕青少年开展的主要业务形式，该项指标包括俱乐部开展的日常活动、竞赛与交流活动和培训活动等内容，侧重考察维度在于各类活动开展的次数、形式、种类与时间等具体问题。

B1日常活动

C1会员参加日常活动的频率

日常活动主要是指会员参与的非竞赛性活动和培训活动，参与日常活动的频率主要是指每周参与的次数。

C2会员参与日常活动种类

会员参与日常活动的各类主要是指青少年体育俱乐部开设的可供会员选择的运动项目与活动形式的数量。

B2竞赛与交流

C1组织比赛与交流活动的次数

主要指在节假日和双休日期间，俱乐部组织的每次不少于40人的各种体育竞赛或俱乐部间的交流活动的次数。

C2组织比赛与交流活动的形式

主要考察青少年体育俱乐部组织青少年参加竞赛与交流活动的类型与等级的多样化特征和情况。

B3培训活动

C1培训活动的类型与次数

主要指青少年体育俱乐部组织的各种运动项目的培训班的种类与数量。

C2培训活动的时间

时间以天数为单位，主要指青少年体育俱乐部在一年内开展培训活动的天数。

A4能力建设

该项指标关注是的青少年体育俱乐部的生存能力、创新能力和发展能力及其可持续性。主要考察青少年体育俱乐部的经营创收、服务拓展、宣传推广以及是否有所创新或特色。

B1经营创收

C1经营增长率

评估当年青少年体育俱乐部的经营创收总额与上一年度经营创收总额相比较的增长率。

C2创收途径

该指标考察青少年体育俱乐部包括会员费、培训费、社会捐赠和资助、行政拨款、彩票公益金、委托项目资金及其他合法收入等在内的经费来源途径。

C3俱乐部盈亏状况

青少年体育俱乐部能实现收支平衡，略有盈余。以年末青少年体育俱乐部的账户余额情况反映。

B2服务拓展

C1能拓宽开展项目、形式

青少年体育俱乐部能够在原有基础上开展新项目、新形式，是其服务拓展能力的重要体现。主要考察是否面向会员增开了新的运动项目、培训活动或创新了活动形式。

C2租用或投入使用新增场地设施

主要考察是否在原有基础上新建或租用新的场地设施面向会员开展活动。

B3宣传推广

C1宣传活动形式

指利用广播、电视、网站、网页、报纸、宣传册等新闻媒介或现场展示与宣传活动进行的对外宣传。网站指在电信部门正式登记并获得独立域名的门户网站；网页指连接在其他网站的相关专题宣传内容。该指标主要考察青少年体育俱乐部宣传形式的多样性。

C2宣传活动数量

宣传活动数量是指各种宣传活动形式及其数量的总和。

B4创新与特色

C1创新方式

提出有关青少年体育俱乐部发展的建设性意见、有新举措并予以实践且社会效果明显。青少年体育俱乐部仍然是不成熟的社会组织类型，其运行发展不可避免地受到资源条件的限制，与相关领域的体制与政策发生摩擦与冲撞。如何在当前的体制与政策环境下主动出击，以不走寻常路、开辟新的路子等方式，创新俱乐部的运行与发展并使之合理化、合法化，是许多俱乐部面临的生存和发展问题。

例如，“深圳市南山区大盛青少年体育俱乐部”与北京师范大学南山附属中学（深圳）的合作，就是作为无依托单位的青少年体育俱乐部与学校合作，实现双方的共赢，并使俱乐部的发展走上发展快车道，这是一个俱乐部发展创新的好例子。

该俱乐部是2007年经深圳市体育局批准，深圳市民政局注册，从事非营利性社会服务活动的民办非企业单位。经营范围包括：游泳培训、游泳比赛的组织、游泳技术指导与服务。法人代表为白洁。

大盛游泳俱乐部创建之初，便与梅园小学合作，开创体教办学的办队模式，取得了良好的办学效果。2006年7月被深圳市体育局挂牌为深圳游泳训练网点。2007年2月被深圳市体育局和深圳市教育局命名为深圳市游泳特色学校。2008年与北师大南山附校合作，开展游泳培训工作。2009年与深圳市皇岗小学合作，开辟了一个游泳教学与训练网点，形成了规范化、科普化、系统化的教学体系和管理理念，走向多元化、多风格、多领域的体教综合办队的青少年游泳俱乐部。

深圳市大盛游泳俱乐部利用自身优势与北师大南山附校进行合作，他们的双赢合作模式是：①双方签订合作协议，南山附校免费提供游泳池等场地并负责水电费用，大盛游泳俱乐部负责经营与管理，同时负责南山附校学生游泳课教学、训练工作，以抵充场馆租赁费用；②涉及安全的问题，俱乐部保证游泳池环境卫生安全，会员、学员若出现安全问题（运动伤害、溺水事故等）责任由俱乐部承担；③荣誉享受方面，合作期间，双方共同努力做得的荣誉、挂牌等，由双方共享。运动员在各级比赛中所获得的成绩及荣誉的宣传权利由双方共享；④场馆维护、升级和改造方面，由双方协商共同出资完成。

通过与学校的合作，大盛游泳俱乐部从名不见经传，逐步成长为在深圳市有一定影响力的、高水平、专业化、专门化的青少年游泳俱乐部。

C2创新特色

青少年体育俱乐部根据自身条件并合理利用政策、资源条件、时机、关系或在体制与机制等方面进行的创新。与创新方式相比，创新特色是青少年体育俱乐部根据自身条件等独特性因素进行创新而形成的发展模式、路径、方法或措施等。

例如，江西省萍乡市国家级青少年体育俱乐部于2012年联合成立萍乡市青少年体育俱乐部协会，以统一、规范、协调、管理全市各青少年体育俱乐部的财务工作，实行“你用我管”的管理模式，规范了青少年体育俱乐部的财务工作，为各俱乐部解决了财务工作中的后顾之忧，形成发青少年体育俱乐部发展的萍乡特色。

依托学校建设的青少年体育俱乐部的财务管理是一个敏感问题，萍乡市多个青少年体育俱乐部或依托单位曾发生了相关的违法违纪事件。针对依托学校的青少年体育俱乐部在财务工作中暴露和面临的一些问题，萍乡市成立青少年体育俱乐部协会。协会的一项重要职能就是代管各俱乐部的财务章，实现各青少年体育俱乐部财务“你用我管”的模式。有效解决了依托单位、俱乐部内部在财务管理方面的漏洞和不规范，使青少年体育俱乐部能将主要精力集中于业务开展方面。“代管”模式成为萍乡青少年体育俱乐部的鲜明特色。

A5工作成效

该项指标关注的是青少年体育俱乐部的产出问题。主要考察青少年体育俱乐部开展业务活动所取得的结果与效果。该项指标包括会员发展的成效、会员满意度和社会影响等问题。

B1会员发展成效

C1输送后备人才情况

青少年体育俱乐部输送后备人才主要是指其会员因运动成绩优异而进入体育系统的三线（市级体校）、二线（省级体校）、一线（省队）运动队；或进入教育系统的体育院校、普通高校高水平运动队的情况。

C2会员成绩与奖励

会员成绩与奖励主要指在册的青少年体育俱乐部会员参加各级各类体育竞赛与交流活动所取得成绩和奖励情况；达国家二级运动员及以上称号的会员数量情况。

C3会员体质监测达标情况

会员《国家学生体质健康标准》测试成绩比上年度结果的提高程度。非依托学校的青少年体育俱乐部的会员测试成绩需出具所在学校相关证明。

B2会员满意度

C1会员增长率情况

评估当年青少年体育俱乐部会员数与上一年度会员数相比较的增长率。

C2会员数量稳定情况

主要考察会员数量是否保持稳定。

B3社会影响

C1社会关注情况

社会关注指标是反映青少年体育俱乐部被各类媒体认识、了解和报道的程度。此处主要是指青少年体育俱乐部被媒体（报纸、电视等）正面报道的情况。

C2家长评价

主要侧重家长对青少年体育俱乐部工作的主观评价。

C3社区服务情况

主要以非依托单位会员占全体会员的比例反映。

C4主管部门评价

主要通过主管部门的管理人员根据青少年体育俱乐部的总体发展状况做出的主观评价。

（撰写人：孙荣会，肖林鹏）

7 俱乐部评估实施细则

7.1 评估指标使用说明

（1）由于考核评估指标的复杂性，青少年体育俱乐部评估指标体系中既包含易于计算的量化指标，也包含需要专家根据特定标准给出评分的质性指标。因此，本方案采取定量评价与定性评价相结合的方法，以提高评价结果的可操作性、可靠性与可比性。

总分计算：某个青少年体育俱乐部的评估总分通过对三级指标的三重权重计算累计而得。其计算公式为：

$$P_{总}=\sum_{i=1}^{3}\sum_{j=1}^{n}\omega_{ij}P_{ij} \quad j=1,2,\cdots,m$$

式中，$P_{总}$ 为俱乐部评估最终得分

i为指标的层级数

j为第i层指标中评估指标数

m为i层评估指标总数

ω_{ij} 为第i层指标中第j项评估指标的权重值

P_{ij} 为第i个层第j项评估指标的实际得分

（2）青少年体育俱乐部评估指标体系与细则

青少年体育俱乐部评估指标与细则如表7-1所示。

表7-1 国家级青少年体育俱乐部评估指标体系与细则

一级指标	二级指标	三级指标	细则	检查依据
A1—组织管理	B1—法人资格	C1—注册情况	是否注册为民办非企业或企事业组织，各项手续齐全，自觉接受体育局、民政局、工商局等部门的检查，并年检合格。该指标的评分分两档，“是”得100分，不符合为0分。	批复文件
		C2—法定代表人产生方式	法人按章程规定程序选举产生。该指标的评分分两档，“是”得100分，不符合则该指标得0分。	会议记录
		C3—法定代表人身份情况	是否由现职国家工作人员兼任。该指标的评分分两档，“是”得0分，“否”得100分。	相关材料
		C4—办公场所	俱乐部有独立的办公场所。该指标的评分分两档，“是”得100分，不符合则该指标得0分。	实地查看
	B2—组织结构	C1—组织机构形式	是否成立理事会/董事会。该指标的评分分两档，“是”得100分，不符合则该指标得0分。	查看相关材料
		C2—组织机构健全情况	机构健全，分工明确。该指标的评分分两档，符合要求得100分，不符合则该指标得0分。	查看资料
		C3—专兼职管理人员情况	聘用专职秘书长和专兼职管理人员。该指标的评分分两部分。第一部分为专职人员情况：专职人员中聘用专职秘书长得20分，此外每聘1名专职人员加10分，满分60分；第二部分为兼职人员情况：每聘2名专职人员加10分，满分40分。两部分合计最高100分。	查看聘任协议

续表

一级指标	二级指标	三级指标	细则	检查依据
A1—组织管理	B3—管理制度	C1—规章制度健全情况	俱乐部章程、财务管理办法、安全保障措施、场地设施管理办法、收费管理规定、会员管理规定、档案管理规定、岗位职责等健全。该指标的评分实行扣分方式，每缺少1项规章制度扣20分计，最高得100分，最低得0分。	查看材料
		C2—财务独立情况	俱乐部有独立账户，并设有专账，严格按照扶持资金的使用范围进行开支，专款专用。该指标的评分分两档，符合要求得100分，不符合则该指标得0分。	查看财务账户材料
		C3—专兼职财会人员情况	有专职的或连续在青少年体育俱乐部工作的兼职的、拥有会计资质的财会人员。会计与出纳分开设置，定岗定责，各司其职。该指标的评分分两档，符合要求得100分，不符合则该指标得0分。	查看聘任协议与相关材料
		C4—管理制度落实情况	各项制度得到有效执行。没有公众投诉或审计问题。该指标的评分，符合要求得100分，每出现一项公众投诉或审计问题扣20分，最低得0分。	相看相关材料
	B4—发展规划	C1—发展规划类型	有各类长短期的规划与活动计划。宣传计划、年度活动计划、大型活动计划书等。该指标的评分实行扣分方式，每缺少1项计划扣50分计，最高得100分，最低得0分。	查看相关材料
		C2—发展规划执行情况	各类长短期的规划与活动计划得到执行。该指标的评分实行扣分方式，宣传计划、年度活动计划、大型活动计划书目标，未实现1项扣50分计，最高得100分，最低得0分。	查看年度或活动总结材料，听取会员意见

续表

一级指标	二级指标	三级指标	细则	检查依据
A2—基础条件	B1—场地设施	C1—场地设施数量	有保障俱乐部开展活动的充足的体育场地设施。该指标的评分分若干档，单日能实际满足俱乐部会员1500人、1000人、800人、600人、400人使用的固定场地设施，分别计100分、80分、60分、40分、20分；单项俱乐部按能实际满足俱乐部会员500人、400人、300人、200人、100人使用的固定场地设施分档。	查看材料/现场查看
		C2—场地设施功能	体育场地设施的功能完好。该指标的评分分两档，符合要求得100分，不符合则该指标得0分。	现场查看
	B2—经费	C1—扶助资金使用情况	扶助资金专款专用。该指标的评分分两档，符合要求得100分，不符合则该指标得0分。	查看财务相关材料
		C2—用于俱乐部发展的费用占总收入的比例	不低于上年收入的70%。该指标的评分分若干档，不低于70%得100分，比70%每低10%扣30分，最低得0分。	查看财务相关材料
		C3—工资和行政支出比例	不超过10%。该指标的评分分若干档，不超过10%得100分，比10%每高5%扣25分，最低得0分。	查看财务相关材料

续表

一级指标	二级指标	三级指标	细则	检查依据
	B3—指导者	C1—指导者资质是否达标	必须具有教练员证书、社会体育指导员证书、运动员技术等级证书和裁判员等级证书等。该指标的评分实行扣分方式，聘任人员中每缺1份必要的证书或等级证书在该项总分中扣20分，最低得0分。	相看材料
		C2—指导者能力是否达标	新聘指导者需通过相应实践考核。该指标的评分分两档，指导者无负面反映得100分，不符合则该指标得0分。	相看材料
		C3—长短期指导者比例	长期指导者与短期指导者比例不低于1：2。该指标的评分分两档，符合要求得100分，不符合则该指标得0分。	根据材料计算
		C4—指导者与会员比例	不低于1：50。该指标的评分分两档，符合要求得100分，不符合则该指标得0分。	根据材料计算
A3—活动开展	B1—日常活动	C1—会员参加日常活动频率	以每次活动为1小时计，分三个等级：①每周保证个人会员在俱乐部接受有指导的体育活动3次以上；②每周体育活动2次；③每周体育活动1次。该指标的评分分三档，按以上三个等级分别得100分，80分，60分。	根据相关材料计算
		C2—会员参与日常活动种类	①每次开展活动项目5个以上；②每次开展活动项目4个以上；③每次开展活动项目3个以上。该指标的评分分三档，按以上三个等级分别得100分，80分，60分。单项俱乐部按最高分计。	根据相关材料计算

续表

一级指标	二级指标	三级指标	细则	检查依据
A3—活动开展	B2—竞赛与交流	C1—组织比赛与交流活动的次数	主要指在节假日和双休日期间，俱乐部组织的每次40人以上的各种体育竞赛或俱乐部间的交流活动，每年组织6次或6次以上 ；每年组织4次 ；每年组织2次以上，每年组织1次 。该指标的评分分四档，按以上三个等级分别得100分，80分，60分，40分。	查看相关材料
		C2—组织比赛与交流活动的形式	俱乐部组织开展比赛、交流活动。该指标的评分分5档，每增加次竞赛或交流活动加20分，最高分100分。	查看竞赛材料
	B3—培训活动	C1—培训活动的类型	培训活动：按利用寒暑假举办8个、6个、4个、2个项目以上的体育培训班分级。该指标的评分分4档，对应数量得分分别为50分、40分、30分、20分。 夏冬令营活动：每年寒暑假各组织为期1周以上，50人以上青少年参加冬、夏令营活动次数为考核内容。该指标的评分若干档，每组织1 次得20分，满分50分。。	根据相关材料计算
		C2—培训活动的时间	以每年开展活动日计算。该指标的评分分若干档，每年开展100天以上得分50分、150~200天得80分，200天以上得100分。	查看相关材料

续表

一级指标	二级指标	三级指标	细则	检查依据
A4—能力建设	B1—经营创收	C1—经营收入增长率	按创收收入年增长率达0%~1%、1%~5%；5%~8%，达10%以上分4个等级。该指标的评分对应四个等级得分分别得50分、60分、80分、100分。	根据相关材料计算
		C2—创收途径	会员费、培训费、社会捐赠和资助、行政拨款、彩票公益金。该指标的评分，单一创收途径得60分，每增加一种途径加10分，最高分100分。	相看相关材料
		C3—俱乐部盈亏状况	能基本实现年度收支平衡，略有盈余。该指标的评分分两档，有盈余得100分，不符合则该指标得0分。	查看财务明细
	B2—服务拓展	C1—能拓宽开展项目、形式	能在原有基础上拓展新项目或活动的新形式（持续一学期以上）。该指标的评分分两档，每增加一项得50分，最高分100分。	查看活动开展资料
		C2—租用/投入使用新增场地设施	能在原有基础上新增场地设施（持续1学期以上）。该指标的评分分两档，每新增（租用）一个场地加50分，最高分100分。	查看活动开展资料
	B3—宣传推广	C1—宣传活动形式	该指标的评分分三档，广播、电视、报纸、宣传册、网络以及现场展示与宣传活动等宣传形式中，有2种不同形式的宣传得60分，超过2种每增加1种加20分最高得100分。	查看资料
		C2—宣传活动数量	该指标的评分分三档，本年度开展宣传活动数量，3次得60分，每增加1次加10分，最高100分。	查看资料

续表

一级指标	二级指标	三级指标	细则	检查依据
	B4—创新与特色	C1—创新方式	提出有关青少年体育俱乐部发展的建设性意见、有新举措并予以实践且社会效果明显。该指标的评分分三档，分别得60分、80分、100分。	专家根据材料评议
		C2—创新特色	根据自身条件并合理利用政策、资源条件、时机、关系或在体制与机制等方面进行创新，特色突出。该指标的评分分三档，分别得60分、80分、100分。	专家根据材料评议
A5—工作成效	B1—会员发展成效	C1—输送后备人才情况	该指标的评分分若干档，俱乐部个人会员（参加俱乐部活动一年以上），输送到三线运动队1名加10分，输送到二线运动队1名加20分，输送到一线运动队1名加30分；会员进入教育系统的体育院校、普通高校高水平运动队1名加20分。最高分得100分。	查看材料
		C2—会员成绩与奖励	该指标的评分分若干档，在册的青少年体育俱乐部会员参加各级各类体育竞赛与交流活动所取得成绩和奖励情况中，区县级一项加10分，省级及以上每项加20分；每2名达国家二级运动员及以上称号的会员加10分。最高分得100分。	查看材料
		C3—会员体质监测达标情况	会员对比上一年度体质监测结果提高程度。该指标的评分三档，有提高得100分，无提高得50分，下降得0分。	随机抽取30名会员资料取平均值进行比对。
	B2—会员满意度	C1—会员增长率	该指标的评分分若干档，在上期会员基础上，每增加5%得20分。最高分100分。	根据材料计算
		C2—会员数量稳定情况	该指标的评分两档，与去年比年度会员数量减少不超过5%，得100分，超过5%，得0分。	查看材料

续表

一级指标	二级指标	三级指标	细则	检查依据
	B3—社会影响	C1—社会关注情况	该指标的评分分若干档，有关于俱乐部活动消息登报或各级电视台报道1次加10分，最高得100分，有负面报道则为0分。	查看资料
		C2—家长支持情况	该指标的评分分若干档，每份家长支持（如表扬信等书面评价）加10分，最高分得100分；有投诉情况则该项得0分。	查看材料 会员反馈
		C3—社区服务情况	该指标的评分分两档，非依托单位青少年的数量100~300人得50分，300人以上得100分。	查看会员登记表
		C4—主管部门评价	主要通过主管部门的管理人员根据青少年体育俱乐部的总体发展状况做出的主观评价。该指标的评分三档，按肯定程度分别得60分、80分、100分。	反馈材料

7.2 评估实施说明

7.2.1 评估工作涉及的部门及其职责

俱乐部的评估工作主要涉及如下部门，包括：

（1）国家体育总局；

（2）各省区市体育局；

（3）第三方评估机构；

（4）国家级青少年体育俱乐部的依托单位；

（5）参评的国家级青少年体育俱乐部。

以上五个部门的职责分别为：

（1）国家体育总局青少年体育司的主要职责是：制定评估实施细则和指

标体系，组织第三方机构进行评估，审定并公布评估结果。

（2）各省、自治区、直辖市体育局主要职责是：指导俱乐部的评估工作，组织依托单位和俱乐部做好评估准备工作，审核、打分、汇总并上报评估申请材料。

（3）第三方评估机构根据国家体育总局青少年体育司的委托，承担评估工作，主要职责是：拟定评估方案，受理评估材料，组织专家评估，提交评估报告。

（4）国家级青少年体育俱乐部依托单位主要职责是：配合主管部门和评估机构做好评估准备工作，审核评估申请材料的真实性和准确性，并承担材料失实的连带责任，为俱乐部评估提供支持和保障。

（5）参评的国家级青少年体育俱乐部应认真准备和接受评估，提交《国家级青少年体育俱乐部评估申报书》及相关材料，不得弄虚作假。

7.2.2 评估实施的程序

按照评估涉及部门的职责分工，科学规划评估工作的程序，具体为：

（1）国家体育总局青少司下发评估工作的通知；

（2）各俱乐部按要求提交《国家级青少年体育俱乐部评估申报书》，经各省区市体育局主管部门审核后，报送第三方评估机构；

（3）评估机构组织专家进行评估；

（4）评估完成后第三方评估机构向总局青少司提交评估报告和其他相关资料。

7.2.3 第三方评估机构的具体工作内容

第三方评估机构的评估工作包括材料复评和现场评估两种类型。

（1）材料复评。第三方评估机构按照评估实施细则和评估指标体系，对俱乐部提交的《国家级青少年体育俱乐部评估申报书》进行材料比对和分数审核，并给予分数评定。对于俱乐部所提交的材料有异议时，应充分讨论、比较后，作出建议与结论，必要时可进行现场评估。复评工作一般应在材料提交后一个月内完成，并提交该阶段的评估排名及报告。

（2）现场评估。现场评估主要针对排名前100位的俱乐部进行，同时具有典型性和示范性的俱乐部也可进行现场评估，目的在于创建“国家示范性青少年体育俱乐部”。现场评估应由国家体育总局、省区市体育局、依托单位、第三方机构人员构成，现场评估在评估材料提交后三个月内完成。

现场评估的主要内容包括：听取俱乐部负责人报告；考察俱乐部场馆设施及活动开展情况；了解俱乐部组织管理及取得的成效；召开座谈会，对俱乐部会员及家长进行访谈等。第三方评估机构应根据评估指标体系对现场评估情况进行总结并为是否授予“国家示范性青少年体育俱乐部”提供建议。

7.2.4 评估结果的处理

第三方评估机构应在规定时间内向国家体育总局青少年体育司提交评估报告和其他相关资料。

国家体育总局青少年体育司审核评估报告，按优秀、良好、合格、不合格四类确定评估结果，并以适当方式发布。对于评估优秀的俱乐部，国家体育总局青少年体育司将予以表彰和扶持；评估结果为“不合格”的俱乐部，将取消国家级青少年体育俱乐部的称号；其他未按要求参加评估或中途退出评估的俱乐部，视为放弃国家级青少年体育俱乐部的资格。

7.2.5 评估实施过程中的其他事项

第三方评估机构的所需费用由国家体育总局青少年体育司支付，评估机构不得利用评估谋取利益。现场评估的接待工作不得委托参评俱乐部或依托单位承办。

评估人员要严格遵守国家法律、法规，科学、公正、独立地行使职责和权利，评估专家和工作人员要严格遵守保密规定。

俱乐部现场评估实行回避制度，与俱乐部有直接利益关系者，不得参加评估。

7.3 国家级青少体育俱乐部评估实施办法（示例）

第一章 总 则

第一条 为提升国家级青少年体育俱乐部（以下简称俱乐部）服务青少年体育的能力，加强俱乐部的管理，规范俱乐部评估工作，依据《青少年体育俱乐部管理办法》，制定本细则。

第二条 评估工作坚持“公平、公正、公开”的原则，按照“政府主导，独立第三方实施”的方式进行。

第三条 评估工作将在总结经验、发现问题的基础上，形成“有进有退”“开放竞争”的管理机制，并根据评估结果开展“国家示范性青少年体育俱乐部”建设，予以资金支持。

第四条 评估对象包括所有国家级青少年体育俱乐部，评估周期为每四年一次，评估指标包括：组织管理、基础条件、活动开展、能力建设和工作成效（指标体系及说明见附件）。

第二章 部门职责

第五条 国家体育总局青少年体育司主要职责是：制定评估实施细则和指标体系，组织第三方机构进行评估，审定并公布评估结果。

第六条 第三方评估机构根据国家体育总局青少年体育司的委托，承担评估工作，主要职责是：拟定评估方案，受理评估材料，组织专家评估，提交评估报告。

第七条 俱乐部的主管单位即各省、自治区、直辖市体育局主要职责是：指导俱乐部的评估工作，组织依托单位和俱乐部做好评估准备工作，审核、打分、汇总并上报评估申请材料。

第八条 俱乐部依托单位主要职责是：配合主管部门和评估机构做好评估准备工作，审核评估申报材料的真实性和准确性，承担材料失实的连带责任，为俱乐部评估提供支持和保障。

第九条 参评的俱乐部应认真准备和接受评估，提交《国家级青少年体育俱乐部评估申报书》及相关材料，不得弄虚作假。

第三章　评估程序

第十条　国家体育总局青少年体育司确定评估时间及参评俱乐部名单，并通知主管单位和第三方评估机构。

第十一条　俱乐部主管部门在评估通知下达后二个月内，向评估机构提交经审核的《国家级青少年体育俱乐部评估申报书》。

第十二条　第三方评估机构应按要求组织专家进行评估，专家应为本学科（领域）学术水平高、责任心强的专家。第三方评估包括：材料复评和现场评估两种类型。

第四章　材料复评

第十三条　第三方评估机构按照评估实施办法和评估指标体系及细则，对俱乐部提交的《国家级青少年体育俱乐部评估申报书》进行材料比对和分数审核，并给予分数评定。

第十四条　对于俱乐部所提交的材料有异议时，应充分讨论、比较后，作出建议与结论，必要时可进行现场评估。

第十五条　复评工作一般应在材料提交后一个月内完成，并提交该阶段的评估排名及报告。

第五章　现场评估

第十六条　现场评估主要针对排名前100位的俱乐部，同时具有典型性和示范性的俱乐部也可进行现场评估，目的在于创建“国家示范性青少年体育俱乐部”。

第十七条　现场评估应由国家体育总局、省区市体育局、依托单位、第三方评估机构人员构成，现场评估在评估材料提交后三个月内完成。

第十八条　现场评估的主要内容包括：听取俱乐部负责人报告，考察俱乐部场馆设施及活动开展情况，了解俱乐部组织管理及取得的成效，召开座谈会，对俱乐部会员及家长进行访谈等。

第十九条　第三方评估机构应根据评估指标体系对现场评估情况进行总结

并为是否授予“国家示范性青少年体育俱乐部”提供建议。

第六章 评估结果

第二十条 现场评估结束后一个月内，评估机构向国家体育总局青少年体育司提交评估报告和其他相关资料。

第二十一条 国家体育总局青少年体育司审核评估报告，按优秀、良好、合格、不合格四类确定评估结果，并以适当方式发布。对于评估优秀的俱乐部，国家体育总局青少年体育司将予以表彰和扶持。

第二十二条 评估结果为“不合格”的俱乐部，将取消国家级青少年体育俱乐部的称号。其他未按要求参加评估或中途退出评估的俱乐部，视为放弃国家级青少年体育俱乐部的资格。

第七章 附 则

第二十三条 第三方评估机构的所需费用由国家体育总局青少年体育司支付，评估机构不得利用评估谋取利益。现场评估的接待工作不得委托参评俱乐部或依托单位承办。

第二十四条 评估人员要严格遵守国家法律、法规，科学、公正、独立地行使职责和权利，评估专家和工作人员要严格遵守保密规定。

第二十五条 俱乐部现场评估实行回避制度，与俱乐部有直接利益关系者，不得参加评估。

第二十六条 本规则自发布之日起实行。

7.4 国家级青少年体育俱乐部评估申报书（示例）

国家级青少年体育俱乐部
评估申报书（示例）

俱乐部名称：________________________________（章）

俱乐部法人：________________________________

依托单位名称：______________________________（章）

体育主管部门：______________________________（章）

填报日期：__________________________________

国家体育总局青少年体育司制

一、俱乐部简况

<table>
<tr><td rowspan="5">俱乐部
基本情况</td><td>名 称</td><td colspan="5"></td></tr>
<tr><td>批准年份</td><td colspan="2"></td><td>机构设置</td><td colspan="2"></td></tr>
<tr><td>场馆设施
（明细）</td><td colspan="2"></td><td>专/兼职
（人数）</td><td colspan="2"></td></tr>
<tr><td>开设项目
（明细）</td><td colspan="5"></td></tr>
<tr><td>详细地址</td><td colspan="5"></td></tr>
<tr><td rowspan="2">俱乐部法
定代表人</td><td>姓 名</td><td></td><td>性 别</td><td></td><td>联系
方式</td><td></td></tr>
<tr><td>职务/职称</td><td></td><td>其他
职务</td><td colspan="3"></td></tr>
<tr><td rowspan="3">依
托
单
位</td><td>名 称</td><td colspan="2"></td><td>主管部门</td><td colspan="2"></td></tr>
<tr><td>性 质</td><td colspan="2">A.社区（街道办）
B.体育场馆C.体校
D.学校 E.基层单项体育协会</td><td>邮政
编码</td><td colspan="2"></td></tr>
<tr><td>详细地址</td><td colspan="5"></td></tr>
<tr><td rowspan="2">会员
及经费</td><td>个人会
员数量</td><td colspan="2"></td><td>团体会员
数量</td><td colspan="2"></td></tr>
<tr><td>资金收入
（万元）</td><td colspan="2"></td><td>经费
支出
（万元）</td><td colspan="2"></td></tr>
</table>

二、俱乐部自评；省(自治区、直辖市)体育局评分；第三方评估机构复评

俱乐部自评得分：__________（签/章）；　　　省（自治区、直辖市）体育局复评打分：__________（签/章）；

第三方评估机构复评打分：______，复评人员：________________（签/章）

一级指标	二级指标	三级指标	细则与评分标准	自评得分	检查依据
A1—组织管理	B1—法人资格	C1—注册情况	是否注册为民办非企业或企事业组织，各项手续齐全，自觉接受体育局、民政局、工商局等部门的检查，并年检合格。该指标的评分分两档，“是”得100分，不符合为0分。		批复文件
		C2—法定代表人产生方式	法人按章程规定程序选举产生。该指标的评分分两档，“是”得100分，不符合则该指标得0分。		会议记录
		C3—法定代表人身份情况	是否由现职国家工作人员兼任。该指标的评分分两档，“是”得0分，“否”得100分。		相关材料
		C4—办公场所	俱乐部有独立的办公场所。该指标的评分分两档，“是”得100分，不符合则该指标得0分。		实地查看
	B2—组织结构	C1—组织机构形式	是否成立理事会/董事会。该指标的评分分两档，“是”得100分，不符合则该指标得0分。		查看相关材料
		C2—组织机构健全情况	机构健全，分工明确。该指标的评分分两档，符合要求得100分，不符合则该指标得0分。		查看资料
		C3—专兼职管理人员情况	聘用专职秘书长和专兼职管理人员。该指标的评分分两部分。第一部分为专职人员情况：专职人员中聘用专职秘书长得20分，此外每聘1名专职人员加10分，满分60分；第二部分为兼职人员情况：每聘2名专职人员加10分，满分40分。两部分合计最高100分。		查看聘任协议

续表

一级指标	二级指标	三级指标	细则与评分标准	自评得分	检查依据
A1—组织管理	B3—管理制度	C1—规章制度健全情况	俱乐部章程、财务管理办法、安全保障措施、场地设施管理办法、收费管理规定、会员管理规定、档案管理规定、岗位职责等健全。该指标的评分实行扣分方式，每缺少1项规章制度扣20分计，最高得100分，最低得0分。		查看材料
		C2—财务独立情况	俱乐部有独立账户，并设有专账，严格按照扶持资金的使用范围进行开支，专款专用。该指标的评分分两档，符合要求得100分，不符合则该指标得0分。		查看财务账户材料
		C3—专兼职财会人员情况	有专职的或连续在青少年体育俱乐部工作的兼职的、拥有会计资质的财会人员。会计与出纳分开设置，定岗定责，各司其职。该指标的评分分两档，符合要求得100分，不符合则该指标得0分。		查看聘任协议与相关材料
		C4—管理制度落实情况	各项制度得到有效执行。没有公众投诉或审计问题。该指标的评分，符合要求得100分，每出现一项公众投诉或审计问题扣20分，最低得0分。		相看相关材料
	B4—发展规划	C1—发展规划类型	有各类长短期的规划与活动计划。宣传计划、年度活动计划、大型活动计划书等。该指标的评分实行扣分方式，每缺少1项计划扣50分计，最高得100分，最低得0分。		查看相关材料
		C2—发展规划执行情况	各类长短期的规划与活动计划得到执行。该指标的评分实行扣分方式，宣传计划、年度活动计划、大型活动计划书目标，未实现1项扣50分计，最高得100分，最低得0分。		查看年度或活动总结材料，听取会员意见

续表

一级指标	二级指标	三级指标	细则与评分标准	自评得分	检查依据
A2—基础条件	B1—场地设施	C1—场地设施数量	有保障俱乐部开展活动的充足的体育场地设施。该指标的评分分若干档，单日能实际满足俱乐部会员1500人、1000人、800人、600人、400人使用的固定场地设施，分别计100分、80分、60分、40分、20分；单项俱乐部按能实际满足俱乐部会员500人、400人、300人、200人、100人使用的固定场地设施分档。		查看材料/现场查看
		C2—场地设施功能	体育场地设施的功能完好。该指标的评分分两档，符合要求得100分，不符合则该指标得0分。		现场查看
	B2—经费	C1—扶助资金使用情况	扶助资金专款专用。该指标的评分分两档，符合要求得100分，不符合则该指标得0分。		查看财务相关材料
		C2—用于俱乐部发展的费用占总收入的比例	不低于上年收入的70%。该指标的评分分若干档，不低于70%得100分，比70%每低10%扣30分，最低得0分。		查看财务相关材料
		C3—工资和行政支出比例	不超过10%。该指标的评分分若干档，不超过10%得100分，比10%每高5%扣25分，最低得0分。		查看财务相关材料

续表

一级指标	二级指标	三级指标	细则与评分标准	自评得分	检查依据
A2—基础条件	B3—指导者	C1—指导者资质是否达标	必须具有教练员证书、社会体育指导员证书、运动员技术等级证书和裁判员等级证书等。该指标的评分实行扣分方式，聘任人员中每缺1份必要的证书或等级证书在该项总分中扣20分，最低得0分。		相看材料
		C2—指导者能力是否达标	新聘指导者需通过相应实践考核。该指标的评分分两档，指导者无负面反映得100分，不符合则该指标得0分。		相看材料
		C3—长短期指导者比例	长期指导者与短期指导者比例不低于1∶2。该指标的评分分两档，符合要求得100分，不符合则该指标得0分。		根据材料计算
		C4—指导者与会员比例	不低于1∶50。该指标的评分分两档，符合要求得100分，不符合则该指标得0分。		根据材料计算
A3—活动开展	B1—日常活动	C1—会员参加日常活动频率	以每次活动为1小时计，分三个等级：①每周保证个人会员在俱乐部接受有指导的体育活动3次以上；②每周体育活动2次；③每周体育活动1次。该指标的评分分三档，按以上三个等级分别得100分，80分，60分。		根据相关材料计算
		C2—会员参与日常活动种类	①每次开展活动项目5个以上；②每次开展活动项目4个以上；③每次开展活动项目3个以上。该指标的评分分三档，按以上三个等级分别得100分，80分，60分。单项俱乐部按最高分计。		根据相关材料计算

续表

一级指标	二级指标	三级指标	细则与评分标准	自评得分	检查依据
A3—活动开展	B2—竞赛与交流	C1—组织比赛与交流活动的次数	主要指在节假日和双休日期间，俱乐部组织的每次40人以上的各种体育竞赛或俱乐部间的交流活动，每年组织6次或6次以上 ；每年组织4次 ；每年组织2次以上，每年组织1次 。该指标的评分分四档，按以上三个等级分别得100分，80分，60分，40分。		查看相关材料
		C2—组织比赛与交流活动的形式	俱乐部组织开展比赛、交流活动。该指标的评分分5档，每增加次竞赛或交流活动加20分，最高分100分。		查看竞赛材料
	B3—培训活动	C1—培训活动的类型	培训活动：按利用寒暑假举办8个、6个、4个、2个项目以上的体育培训班分级。该指标的评分分4档，对应数量得分分别为50分、40分、30分、20分。 夏冬令营活动：每年寒暑假各组织为期1周以上，50人以上青少年参加冬、夏令营活动次数为考核内容。 该指标的评分若干档，每组织1次得20分，满分50分。。		根据相关材料计算
		C2—培训活动的时间	以每年开展活动日计算。该指标的评分分若干档，每年开展100天以上得分50分、150~200天得80分，200天以上得100分。		查看相关材料

续表

一级指标	二级指标	三级指标	细则与评分标准	自评得分	检查依据
A4—能力建设	B1—经营创收	C1—经营收入增长率	按创收收入年增长率达0%~1%、1%~5%；5%~8%，达10%以上分4个等级。该指标的评分对应四个等级得分分别得50分、60分、80分、100分。		根据相关材料计算
		C2—创收途径	会员费、培训费、社会捐赠和资助、行政拨款、彩票公益金。该指标的评分，单一创收途径得60分，每增加一种途径加10分，最高分100分。		相看相关材料
		C3—俱乐部盈亏状况	能基本实现年度收支平衡，略有盈余。该指标的评分分两档，有盈余得100分，不符合则该指标得0分。		查看财务明细
	B2—服务拓展	C1—能拓宽开展项目、形式	能在原有基础上拓展新项目或活动的新形式（持续一学期以上）。该指标的评分分两档，每增加一项得50分，最高分100分。		查看活动开展资料
		C2—租用/投入使用新增场地设施	能在原有基础上新增场地设施（持续1学期以上）。该指标的评分分两档，每新增（租用）一个场地加50分，最高分100分。		查看活动开展资料
	B3—宣传推广	C1—宣传活动形式	该指标的评分分三档，广播、电视、报纸、宣传册、网络以及现场展示与宣传活动等宣传形式中，有2种不同形式的宣传得60分，超过2种每增加1种加20分最高得100分。		查看资料
		C2—宣传活动数量	该指标的评分分三档，本年度开展宣传活动数量，3次得60分，每增加1次加10分，最高100分。		查看资料

续表

一级指标	二级指标	三级指标	细则与评分标准	自评得分	检查依据
	B4—创新与特色	C1—创新方式	提出有关青少年体育俱乐部发展的建设性意见、有新举措并予以实践且社会效果明显。该指标的评分分三档，分别得60分、80分、100分。		专家根据材料评议
		C2—创新特色	根据自身条件并合理利用政策、资源条件、时机、关系或在体制与机制等方面进行创新，特色突出。该指标的评分分三档，分别得60分、80分、100分。		专家根据材料评议
A5—工作成效	B1—会员发展成效	C1—输送后备人才情况	该指标的评分分若干档，俱乐部个人会员（参加俱乐部活动一年以上），输送到三线运动队1名加10分，输送到二线运动队1名加20分，输送到一线运动队1名加30分；会员进入教育系统的体育院校、普通高校高水平运动队1名加20分。最高分得100分。		查看材料
		C2—会员成绩与奖励	该指标的评分分若干档，在册的青少年体育俱乐部会员参加各级各类体育竞赛与交流活动所取得成绩和奖励情况中，区县级一项加10分，省级及以上每项加20分；每2名达国家二级运动员及以上称号的会员加10分。最高分得100分。		查看材料
		C3—会员体质监测达标情况	会员对比上一年度体质监测结果提高程度。该指标的评分三档，有提高得100分，无提高得50分，下降得0分。		随机抽取30名会员资料取平均值进行比对。

续表

一级指标	二级指标	三级指标	细则与评分标准	自评得分	检查依据
A5—工作成效	B2—会员满意度	C1—会员增长率	该指标的评分分若干档，在上期会员基础上，每增加5%得20分。最高分100分。		根据材料计算
		C2—会员数量稳定情况	该指标的评分两档，与去年比年度会员数量减少不超过5%，得100分，超过5%，得0分。		查看材料
	B3—社会影响	C1—社会关注情况	该指标的评分分若干档，有关于俱乐部活动消息登报或各级电视台报道1次加10分，最高得100分，有负面报道则为0分。		查看资料
		C2—家长支持情况	该指标的评分分若干档，每份家长支持（如表扬信等书面评价）加10分，最高分得100分；有投诉情况则该项得0分。		查看材料会员反馈
		C3—社区服务情况	该指标的评分分两档，非依托单位青少年的数量100~300人得50分，300人以上得100分。		查看会员登记表
		C4—主管部门评价	主要通过主管部门的管理人员根据青少年体育俱乐部的总体发展状况做出的主观评价。该指标的评分三档，按肯定程度分别得60分、80分、100分。		反馈材料

注：

◆ 本表中每项三级指标的最高得分为100分。俱乐部的评估总分将按三级指标的实际得分与各级指标的权重进行相应折算后取得。

◆ 需提供文本和佐证材料的部分，应按顺序附于本申请书后，一并装订。

（撰写人：孙荣会，陈洪）

中　篇

国家示范性青少年体育俱乐部评定

8 国家示范性青少年体育俱乐部评定的指标体系

8.1 国家示范性青少年体育俱乐部的界定

随着青少年体育需求的不断扩大，以青少年为目标对象并向其供给体育服务的形式也越来越多。其中以青少年体育俱乐部为形式的组织就实现了数量上的巨大增长。在众多的青少年体育俱乐部中，既有在工商管理部门注册的以企业形式提供青少年体育服务的组织类型，也有在民政部门注册的以民办非企业形式提供服务的组织类型。在广泛挖掘社会力量，大力发展社会组织的背景下，国家体育总局通过资助创建的形式，促进了社会组织类型的青少年体育俱乐部在全国范围内生根发芽。自2000年以来，国家体育总局资助创建了5000所以上的国家级青少年体育俱乐部。以这种创建活动为基础，广泛带动了省市、地以至县级青少年体育俱乐部的创建工作。

国家示范性青少年体育俱乐部是在国家级青少年体育俱乐部基础上，经评定遴选而产生的，能够发挥引领、示范作用的青少年体育俱乐部。因此，成为国家示范性青少年体育俱乐部，其前提是该俱乐部已经成为国家级青少年体育俱乐部。国家示范性青少年体育俱乐部范围限制在已经在民政部门注册为民办非企业、并且已经被命名的国家级青少年体育俱乐部。

作为国家示范性青少年体育俱乐部，必须已经获得相当的发展，无论在其组织规范性，还是服务能力和服务效果方面均在同行业中领先、突出、优秀，堪为典范。因此，规范性、服务能力和服务效果可作为遴选国家示范性青少年体育俱乐部的评定框架（图8-1）。

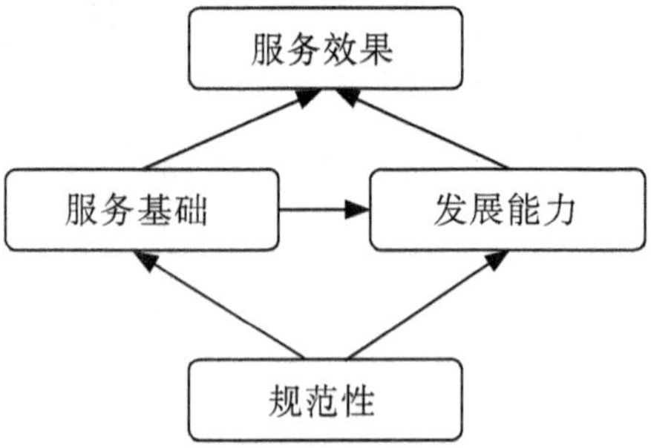

图8-1　国家示范性青少年体育俱乐部评定框架结构图

8.2　国家示范性青少年体育俱乐部评定的指标体系

青少年体育俱乐部评定指标体系的构建是一项复杂的系统工程，只有依靠科学、严谨、严格的程序才能保证指标体系的科学性和合理性。根据指标体系制定的基本程序：在前期的实际调查与座谈的基础上，通过查找文献获取相关信息和理论分析，确定初始指标体系，通过专家调查法对指标进行调整和修正，最终确定指标体系。

根据有关评估理论，我国青少年体育俱乐部评定指标体系的构建由以下几个步骤和环节构成。

8.2.1　实地调研工作获取现实经验

课题组在前期开展了广泛的调研工作。通过实地考察，课题组获得了关于青少年体育俱乐部发展现状与问题的直观、详实的经验，这些经验为后期编制青少年体育俱乐部评定指标体系奠定了重要的现实基础。

8.2.2　青少年体育俱乐部评定指标体系的理论基础的构建

青少年体育俱乐部是民间组织的基本类型。对于民间组织的评定在国内外已经有较为广泛的开展（包括在当前一些省市和地区已经开展了本地区的青少年体育俱乐部评定工作），并且形成了关于各类民间组织的评定理论，完成了一些可以参考的评定实践。虽然民间组织的类型广泛、差别较大，评定的目的不尽相同，构建和采用的评定理论也各有侧重，但是关于评定的基本角度、基本框架、基本原则等理论问题对于青少年体育俱乐部评定理论的构建是一种重要的参考。系统整理和分析多元化的民间组织评定理论为构建青少年体育俱乐部理论框架奠定了基本的理论基础。

8.2.3 查阅文献资料获取青少年体育俱乐部相关信息

收集以青少年体育俱乐部、民间组织评定等为关键词的文献资料，着重关注文献中对民间组织、青少年体育俱乐部现状、质量、服务与评定的相关研究，获取有用信息。通过对这些文献资料的收集分析，可以迅速了解青少年体育俱乐部现状与发展问题的相关信息，为课题组尽快构建国家示范性青少年体育俱乐部评定的基本理论框架奠定了理论基础。

8.2.4 建立初始指标体系

评定指标体系要求其指标具有完整性，但并不是说指标越多越好。指标x与目标y之间的相关系数越小，x越可以删除；指标x_1和指标x_2之间的相关系数越大，越可删除其中的一项。我们可以依据这样的原理，根据可能有的人力、物力等资源以及评定结果要求的准确程度对指标进行简化。

对国家示范性青少年体育俱乐部评定指标构建的过程如图8-2所示。

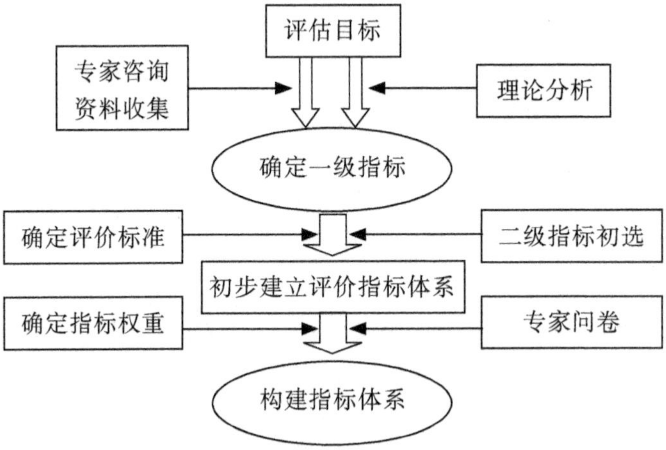

图8-2　国家示范性青少年体育俱乐部评定体系建构流程

根据评定的目标，国家示范性青少年体育俱乐部的评定工作侧重社会组织的产出性。作为能在行业内起到示范作用的民办非企业，国家规范性青少年体育俱乐部的规范性已经不是问题，否则也不会进入示范性的范围。因此，基础规范不做本次的考察重点。

在实地考察、查阅相关方面文献和理论综述等环节之后，对关于青少年体育俱乐部发展、运行、成效等主要内容进行细化，形成青少年体育俱乐部评定的初始指标体系，该体系包括4项一级指标、15项二级指标。

（1）是否符合行业规范。其中，二级指标采用“年审是否合格”和“是否加入行业协会”。

（2）具备什么样的服务基础。其中，二级指标采用“指导者与会员比例”“日常活动开出率”和“活动项目多元化”，共三个。

（3）具备什么样的发展能力。其中，二级指标采用“工资与行政支出占总收入比例”“资金来源”“接受政府购买服务状况”“宣传活动形式与效果”和“创新与特色”，共五个。

（4）具有什么样的服务效果。其中，二级指标采用“会员数量”“组织各级比赛与交流活动情况”“输送后备人才情况”“运动成绩”和“社会关注程度”，共五个。

8.2.5 确定评定指标体系各项指标的权重

青少年体育俱乐部评定指标体系一个由众多指标组成的、面向青少年体育俱乐部各个方面的指标的集合。在青少年体育俱乐部运行中，起作用的因素众多，作用方式各不相同，作用的大小不一。在对青少年体育俱乐部的综合评定中，就需要对各项指标在整个指标体系中的作用大小进行客观量化，也就是给各项指标赋值确定权重。

在规范性、服务基础、发展能力和服务效果等四个方面，以前两项为基础，侧重考察发展能力和服务效果。因此，指标权重更侧重后两者。建议权重如下图（图8-3）。青少年体育俱乐部评定指标权重分布结果见表8-1所示。

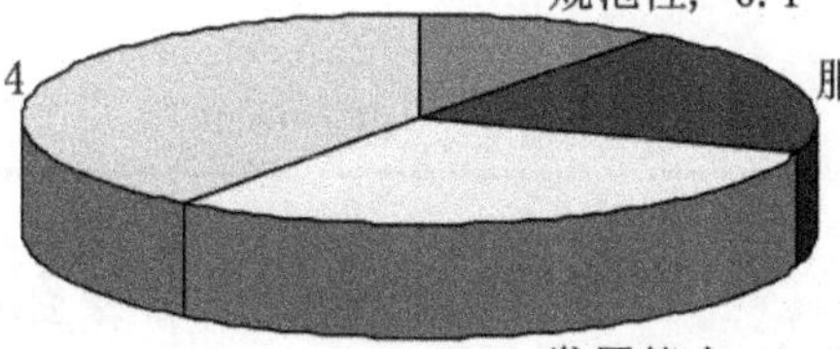

图8-3 国家示范性青少年体育俱乐部评估一级指标及权重

表8-1 国家示范性青少年体育俱乐部评定指标体系及指标权重

一级指标及权重	二级指标	权重
规范性（0.05）	通过年检状况	1.00
服务基础（0.20）	指导人员与会员比例	0.30
	日常活动开出率	0.40
	高级别指导员情况	0.30

续表

一级指标及权重	二级指标	权重
发展能力（0.25）	经营性收入	0.40
	承接政府购买服务状况	0.30
	社会性资金来源	0.30
服务效果（0.50）	会员数量	0.20
	组织开展竞赛情况	0.20
	输送后备人才情况	0.20
	运动成绩	0.20
	宣传形式	0.10
	特色与创新	0.10

（撰写人：孙荣会，肖林鹏）

9 国家示范性青少年体育俱乐部评定实施方案

9.1 评定目标

国家级青少年体育俱乐部是国家体育总局资助创建的社会组织形式，主要着眼于校内、校外青少年体育的促进与发展。国家示范性青少年体育俱乐部是青少年体育促进中的采用的组织建设形式和活动，目前已经在数量和规模等方面取得了相当的成效。为进一步促进其深化发展和行业发展，开展国家示范性青少年体育俱乐部的评定和遴选工作。其主要目标是通过该次评定工作，遴选国家示范性青少年体育俱乐部、实施资助、形成行业示范效果、促进青少年体育社会组织自身发展和行业发展。

9.2 评定时间

根据国家体育总局青少司“十二五”发展规划和2015年度的工作安排，将完成国家示范性青少年体育俱乐部的评选工作，遴选150所国家示范性青少年体育俱乐部并给予资助。根据工作的战略部署和现有时间与条件，将国家示范性青少年体育俱乐部的评定工作时间安排如下：

（1）通知与宣传阶段：2015年11月1日—15日；

（2）预评定阶段：2015年11月16日—11月30日；

（3）网上评定阶段：2015年12月28日—2016年月1月15日；

（4）会议评定：2016年2月3日—2月5日。

9.3 评定程序

包括六个阶段：

（1）俱乐部在网络系统上填报，并提供纸质材料；

（2）各省区市体育局审核，并提交推荐名单；

（3）第三方机构进行资料审核及网络系统打分，并提出建议入围名单；

（4）进行专家会议评审，形成评定报告，初步确定入围名单并上报总局领导批准；

（5）进行网上公示；

（6）下发认定通知。

9.4 评审的指标体系及方法

指标体系，包括：一级指标4个，即规范性、服务基础、发展能力、服务效果；二级指标13个，即通过年检状况、指导人员与会员比例、日常活动开出率、高级别指导员情况、会员会费收入、承接政府购买服务、社会性资金来源、会员数量、组织活动与竞赛情况、输送后备人才情况、运动成绩、宣传形式、特色与创新。评估指标体系与细则详见《关于开展国家示范性青少年体育俱乐部评定工作的通知》（体青字〔2015〕106号）。

分值计算方法：网络评定是以专题网站为载体，以评定指标体系为依据，对一级指标进行赋值，其中规范性（强制性指标）、服务基础、发展能力、服务效果分别占5%、20%、25%、50%；在对一级指标进行分解的基础上，对二级指标进行赋值，其分值采用百分制，客观性指标权重占90%，主观性指标权重占10%，对照评分细则进行网络打分后，产生网络评审的总分。

9.5 评定实施细则

9.5.1 评定指标使用的说明

（1）由于考核评定指标的复杂性，青少年体育俱乐部评定指标体系中既包含着易于计算的量化指标，也包含着需要专家根据特定标准给出评分的质性指标。因此，本方案采取定量评价与定性评价相结合的方法，以提高评价结果的可操作性、可靠性与可比性。

（2）总分计算：某个青少年体育俱乐部的评定总分通过对各级指标的权重计算累计而得。其计算公式为：

$$P_{总}=\sum_{i=1}^{2}\sum_{j=1}^{n}\omega_{ij}P_{ij} \quad j=1,2,\cdots,m$$

式中，$P_{总}$ 为俱乐部评定最终得分

i为指标的层级数

j为第i层指标中评定指标数

m为i层评定指标总数

ω_{ij} 为第i层指标中第j项评定指标的权重值

P_{ij} 为第i个层第j项评定指标的实际得分

9.5.2 青少年体育俱乐部评定指标与细则（表9-1）

表9-1 国家级青少年体育俱乐部评定指标体系与细则

类别	评定指标	细则	检查依据
规范性（0.05）	通过年检状况（1.00）	以年检结果考评。该指标的评分分两档，年检合格得100分（或提供免检证明），不合格则该指标得0分。	查看年检材料或免检证明

续表

<table>
<tr><th>类别</th><th>评定指标</th><th>细则</th><th>检查依据</th></tr>
<tr><td rowspan="3">服务基础（0.20）</td><td>指导人员与会员比例（0.30）</td><td>该指标以指导人员与会员的比例作为考察点。基本标准为不低于1：50。该指标的评分分为两档，符合要求得100分，不符合则该指标得0分。</td><td>根据材料计算（提供聘用人员和会员名单）</td></tr>
<tr><td>日常活动开出率（0.30）</td><td>以每次活动为1小时计，分三个等级：①每周保证个人会员在俱乐部接受有指导的体育活动3次以上；②每周开展体育活动2次；③每周开展体育活动1次。该指标的评分共分三档，按以上三个等级分别得100分，80分，60分。</td><td>根据会员分组名单与活动计划与等相关材料计算</td></tr>
<tr><td>高级别指导员情况（0.40）</td><td>
<table>
<tr><th colspan="2">类别</th><th>5名以上得分</th><th>4~5名得分</th><th>1~3名得分</th></tr>
<tr><td rowspan="2">教练员</td><td>国家级</td><td>100</td><td>80</td><td>60</td></tr>
<tr><td>高级</td><td>80</td><td>60</td><td>40</td></tr>
<tr><td rowspan="2">运动员</td><td>国际健将</td><td>100</td><td>80</td><td>60</td></tr>
<tr><td>健将</td><td>80</td><td>60</td><td>40</td></tr>
<tr><td rowspan="2">教师</td><td>特级</td><td>100</td><td>80</td><td>60</td></tr>
<tr><td>高级</td><td>80</td><td>60</td><td>40</td></tr>
<tr><td rowspan="2">指导员（职业）</td><td>指导师</td><td>100</td><td>80</td><td>60</td></tr>
<tr><td>高级</td><td>80</td><td>60</td><td>40</td></tr>
<tr><td rowspan="2">指导员（公益）</td><td>国家级</td><td>100</td><td>80</td><td>60</td></tr>
<tr><td>一级</td><td>80</td><td>60</td><td>40</td></tr>
</table>
该指标主要考察高级别指导员数量情况以百分位法计算得分。只对百分位后50%以上计分。每10个百分位为一档，共分为5档，得分由低到高分别为20分、40分、60分、80分和100分（其余得0分）。
<table>
<tr><td>百分位</td><td>（50~60）</td><td>（60~70）</td><td>（70~80）</td><td>（80~90）</td><td>（90~100）</td></tr>
<tr><td>得分</td><td>20</td><td>40</td><td>60</td><td>80</td><td>100</td></tr>
</table>
</td><td>根据参评俱乐部提供的人员聘任合同、证件复印件等材料计算</td></tr>
</table>

续表

<table>
<tr><th>类别</th><th>评定指标</th><th>细则</th><th>检查依据</th></tr>
<tr><td rowspan="3">发展能力（0.25）</td><td>会员会费收入（0.40）</td><td>该项指标按百分位数法得分，只对百分位后50%以上计分。分为5档。如下表所示。<table><tr><td>百分位</td><td>（50~60）</td><td>（60~70）</td><td>（70~80）</td><td>（80~90）</td><td>（90~100）</td></tr><tr><td>得分</td><td>20</td><td>40</td><td>60</td><td>80</td><td>100</td></tr></table></td><td>查看财务相关材料（提供相关财务报表）</td></tr>
<tr><td>承接政府购买服务（0.30）</td><td>以承接各级政府购买服务的资金额度作为考察指标。该指标的评分分别按50万以上、30万以上、20万以上和10万以上、10万以下分四档，按以上四个等级分别得100分，80分，60分，50分和20分。</td><td>相关协议文本和账务报表</td></tr>
<tr><td>社会性资金来源（0.30）</td><td>以接受捐赠或资助资金以及冬夏令营等其他收入（除会员会费、政府购买服务之外）额度为考察指标。该指标的评分分别按20万以上、10万以上、5万以上和5万以下分四档，按以上三个等级分别得100分，80分，60分和20分。</td><td>查看财务明细</td></tr>
<tr><td rowspan="2">服务效果（0.50）</td><td>会员数量（0.2）</td><td>该项指标按百分位数法得分，只对百分位后50%以上计分。分为5档（其余得0分）。得分标准如下表所示。<table><tr><td>百分位</td><td>（50~60）</td><td>（60~70）</td><td>（70~80）</td><td>（80~90）</td><td>（90~100）</td></tr><tr><td>得分</td><td>20</td><td>40</td><td>60</td><td>80</td><td>100</td></tr></table></td><td>查看会员名册与相关财务报表</td></tr>
<tr><td>组织活动与竞赛情况（0.2）</td><td>该项分为两项考察指标：一项考察俱乐部组织冬夏令营活动的人次数；一项考察主办或承办各级别竞赛活动情况。两个指标分值各占50%。
第一项，按参评俱乐部的百分位法评定（其余得0分）。<table><tr><td>百分位</td><td>（50~60）</td><td>（60~70）</td><td>（70~80）</td><td>（80~90）</td><td>（90~100）</td></tr><tr><td>得分</td><td>20</td><td>40</td><td>60</td><td>80</td><td>100</td></tr></table>第二项，主办或承办各级竞赛得分情况，取最高级别得分。参见下表（其余得0分）。<table><tr><td>级别</td><td>地级市</td><td>省（区市）级</td><td>国家级</td></tr><tr><td>得分</td><td>60</td><td>80</td><td>100</td></tr></table></td><td>查看秩序册、活动规程等相关材料</td></tr>
</table>

续表

<table>
<tr><th>类别</th><th>评定指标</th><th>细则</th><th>检查依据</th></tr>
<tr><td rowspan="3">服务效果（0.50）</td><td>输送后备人才情况（0.2）</td><td>
<table>
<tr><td>类别</td><td>5名以上得分</td><td>4~5名得分</td><td>1~3名得分</td></tr>
<tr><td>国家级</td><td>100</td><td>100</td><td>100</td></tr>
<tr><td>省（区市）级</td><td>100</td><td>100</td><td>80</td></tr>
<tr><td>地级市</td><td>80</td><td>70</td><td>60</td></tr>
<tr><td>区县级</td><td>40</td><td>30</td><td>20</td></tr>
</table>
该项得分首先按上表计算总分，最终按参评俱乐部的百分位法核算。计算法参见下表（其余得0分）。
<table>
<tr><td>百分位</td><td>（50~60）</td><td>（60~70）</td><td>（70~80）</td><td>（80~90）</td><td>（90~100）</td></tr>
<tr><td>得分</td><td>20</td><td>40</td><td>60</td><td>80</td><td>100</td></tr>
</table>
</td><td>查看相关证明材料</td></tr>
<tr><td>运动成绩（0.2）</td><td>该项指标首先通过考察参加各级竞赛活动的会员数计算得分。
<table>
<tr><td>类别</td><td>5名以上得分</td><td>4~5名得分</td><td>1~3名得分</td></tr>
<tr><td>国家级</td><td>100</td><td>100</td><td>100</td></tr>
<tr><td>省（区市）级</td><td>100</td><td>100</td><td>80</td></tr>
<tr><td>地级市</td><td>80</td><td>70</td><td>60</td></tr>
<tr><td>区县级</td><td>60</td><td>50</td><td>40</td></tr>
</table>
该项得分按上表计算总分，最终得分按参评俱乐部的百分位法核算。计算法参见下表（其余得0分）。
<table>
<tr><td>百分位</td><td>（50~60）</td><td>（60~70）</td><td>（70~80）</td><td>（80~90）</td><td>（90~100）</td></tr>
<tr><td>得分</td><td>20</td><td>40</td><td>60</td><td>80</td><td>100</td></tr>
</table>
</td><td>查看秩序册及统计表、会员证等材料</td></tr>
<tr><td>宣传形式（0.1）</td><td>该指标主要考察参评单位官方网站或主题网页建设情况。由专家根据建设的情况酌情给分，得分范围在0~100分。（专家评定）</td><td>提供官方网站或主题网页的简要说明和网址</td></tr>
</table>

续表

类别	评定指标	细则	检查依据
服务效果（0.50）	特色与创新（0.1）	该项为开放性考察指标。主要考察俱乐部在规范性建设、场地、人员、活动、经营收入与社会收入、获得政府购买服务、体制与机制、宣传、参与行业建设等方面的创新方式与良好特色。得分由专家通过比较参评单位情况给分，得分范围在0~100分。（专家评定）	参评单位提供说明报告以及证明材料

9.6 评定实施说明

9.6.1 评定实施的程序

按照评定涉及部门的职责分工，科学规划评定工作的程序，具体为：

（1）国家体育总局青少司下发评定工作的通知；

（2）各俱乐部按要求提交《国家示范性青少年体育俱乐部评定申报书》，经各省区市体育局主管部门审核后，报送第三方评定机构；

（3）评定机构组织专家进行评定；

（4）评定完成后第三方评定机构向总局青少司提交评定报告和其他相关资料。

9.6.2 第三方评定机构的具体工作内容

第三方评定机构的评定工作包括材料复评和现场评定两个阶段。

（1）网络系统评定。第三方评定机构按照评定实施细则和评定指标体系，对俱乐部提交的《国家示范性青少年体育俱乐部评定申报书》进行材料比对和分数审核，并给予分数评定。对于俱乐部所提交的材料有异议时，应在充分讨论、比较后，给出建议与结论，必要时可进行现场评定。该阶段的工作一般应在材料提交后半个月内完成，并提交该阶段的评定排名及报告。

（2）会议评定。会议评定是评定专家对进入评定阶段的拟参评俱乐部进行综合考察与评定的环节。根据评定指标体系和对俱乐部的评定情况为是否授予“国家示范性青少年体育俱乐部”称号提供建议。

9.6.3 评定结果的处理

第三方评定机构应在规定时间内，向国家体育总局青少年体育司提交评定报告和其他相关资料。

国家体育总局青少年体育司审核评定报告，评选出150家国家示范性青少年体育俱乐部。对于获得示范性称号的俱乐部，国家体育总局青少年体育司将予以资金扶持。

9.6.4 评定实施过程中的其他事项

第三方评定机构的所需费用由国家体育总局青少年体育司支付，评定机构不得利用评定谋取利益。

评定人员要严格遵守国家法律、法规，科学、公正、独立地行使职责和权利，评定专家和工作人员要严格遵守保密规定。

俱乐部现场评定实行回避制度，与俱乐部有直接利益关系者，不得参加评定。

一旦发现参评俱乐部有弄虚作假行为，则取消其参评资格，并在行业内进行通报。

9.7 评审通知

9.7.1 《体育总局办公厅关于开展国家示范性青少年体育俱乐部评定工作的通知》

各省、自治区、直辖市、新疆生产建设兵团体育局：

为深入贯彻落实《中共中央国务院关于加强青少年体育增强青少年体质的意见》《全民健身条例》精神，进一步加强青少年体育组织建设，推进青少年体育公共服务体系的建设和完善，不断营造良好的青少年体育工作的良好条件和环境，体育总局青少司根据工作安排，决定开展国家示范性青少年体育俱乐部(以下简称“俱乐部”)的评定工作。现将有关事宜通知如下：

一、申报对象

（一）基本条件

1. 推荐报送的俱乐部须是已经取得国家级青少年体育俱乐部称号且年满3年；

2. 依托单位或俱乐部自身场地数量充足，设施配套齐全，各项功能完好，能够满足开展活动需要，并已向公众开放，俱乐部与依托单位签订场地设施使用协议书；

3. 有固定办公场所、内设机构和规章制度健全。至少有1间以上(含1间)固定的专用办公室。内设机构至少应包括：办公室、培训部等；有规范的俱乐部章程，各项规章制度健全；

4. 会员数量较多，能够拓展多种经费来源渠道，资金收入能够实现俱乐部业务的良好运行；

5. 俱乐部专、兼职人员能够满足管理与运作需要。至少有1名以上(含1名)专职管理人员；至少有3名(含3名)以上具有专业技术职称或专业技术等级并长期从事青少年体育教学或训练工作的教师、教练员或社会体育指导员。

（二）国家级青少年体育俱乐部具备下列条件之一，可优先推荐申报

1. 近两年具有承接政府转移职能或购买服务的经历且业绩良好；

2. 近两年获得部、省、市相关政府部门表彰，在本行业或领域内具有较高的公信度和声誉；

3. 获社会组织评估3A以上等级。

二、组织推荐和认定程序

（一）各省(区、市)体育职能部门为组织(推荐)部门，主要负责组织俱乐部填写申请书和申报材料，加盖申报单位公章。体育总局不受理俱乐部单独申报；

（二）各省(区、市)体育职能部门推荐申报单位不超过15个；

（三）各省(区、市)体育职能部门对申报单位资质进行审核并填写推荐意见后，统一向我司来函推荐。申报材料纸质材料(申报材料可从“国家示范性青少年体育俱乐部评估网站”下载)一式二份报送我司同时进行网络信息填报；

（四）体育总局青少年体育司委托第三方机构对提交材料进行评审，形成专家咨询意见；

（五）体育总局青少年体育司根据专家评议意见，审核并认定国家示范性青少年体育俱乐部。

三、申报时间

即日起开始申报，网上填报工作从2015年12月28日8:00开始，截止到2016年1月15日24：00结束，逾期不予受理。

四、申报要求

（一）各省(区、市)体育职能部门填写本省(区、市)推荐申报的俱乐部名单(附件1)；

（二）各省(区、市)体育职能部门提交当地开展国家级青少年体育俱乐部工作的情况报告(不少于2000字)。

（三）各省(区、市)体育职能部门负责组织本地区符合条件的俱乐部登录申报系统网址进行网络填报；

（四）俱乐部进行网上注册、网上填报申报书(须同时根据提示在网站相应位置提交各项指标的影印版佐证材料)；

（五）通过各省(区、市)体育职能部门审核并推荐的俱乐部提交盖章的书面材料和佐证材料。

五、资金申报与投入

（一）各地区在编报2016年体育转移支付预算申请和项目申报文本时需包括推荐的国家示范性俱乐部。

（二）资金资助总额：每个俱乐部资助30万元；

（三）国家体育总局资助周期为3年，每年10万元。

六、申报服务

（一）政策咨询

国家体育总局青少年体育司发展指导处　徐杰、郭潇

电　话：(010)87182347；87182070

（二）申报系统网址

www.qingtiwang.net；www.青体网.net

（三）申报技术服务

QQ群：304545442；电话：15201650049

（四）材料报送

所有纸质申报材料于2016年1月20日前报送第三方机构天津体育学院青少年体育研究中心。

地址：天津市河西区卫津南路51号

邮编：300381；联系人：孙荣会、陈 洪

电话：13820343911；13682175539。

附件1：国家示范性青少年体育俱乐部申报名单汇总表

附件2：2016年国家示范性青少年体育俱乐部评估申报书

附件3：国家示范性青少年体育俱乐部评估指标体系与细则

国家体育总局办公厅

2015年11月25日

附件1：汇总表

国家示范性青少年体育俱乐部
申报名单汇总表

_______省（区、市）体育局（盖章） 填表人： 联系电话：

编号	青少年体育俱乐部名称	依托单位名称	国家级青少年体育俱乐部认定时间	俱乐部联系人	联系电话

附件2：

2016年国家示范性青少年体育俱乐部

申
报
书

申报单位：_____省_____市_____区（县）

_____________________俱乐部

申报日期：201　年　月　日

填报说明

一、申报国家示范性青少年体育俱乐部的单位应在封面填写清楚所申报的单位名称。单位名称应包含所在行政区划信息和俱乐部自身名称信息，例如：—省—市—区—俱乐部。

二、请各申报单位仔细阅读体育总局《关于开展2016年国家示范性青少年体育俱乐部评估工作的通知》,《申报书》中的内容应按照提示文字的要求如实填报。

三、《申报书》中基本情况部分填写的有关说明：

（一）俱乐部名称：应与本申报书封面的名称一致；

（二）管理人员情况：填写申报国家示范性青少年体育俱乐部时的最新人员情况；

（三）当年组织活动情况：填写2014年9月起，到2015年9月的组织活动情况；

（四）依托单位体育场地情况：应将依托单位各类场地设施逐项填报。数量如果没有请填“0”，面积也填写“0”；如有多个相同类型的场地设施，应在标明数量后，填报场地面积之和；如有其他类型的体育场地情况，请补充填写名称；

（五）人才输送：输送均以运动员被正式招收为标准，试训情况不算，并且同一名运动员只统计一次；

（六）凡未指出具体时间的：时间计算范围为2014年9月-2015年9月；经费与收入部分的计算以当地财政年度时间统计2014财年内的相关情况。

四、各申报单位在填写好纸质《申报书》后，登陆评估网站，注册、填写网评内容，凡网评列出的与纸质申报书相同的问题，填写须一致。纸质《申报书》后须附有关证明材料，并按下列顺序编写好目录并装订。网评需要的佐证材料，根据提示上传到网站相应位置（佐证材料保存为图片格式）。

（一）基本情况部分须提供的证明材料。

1．“民办非”登记证书（复印件）；

2. 银行独立开户证明（复印件）；

3. 俱乐部有关规章制度和理事会组成情况（俱乐部正式文件的复印件）；

4. 俱乐部用于开展活动的场地、设施、器材汇总表（需附有照片）；

5. 俱乐部内设机构汇总表（俱乐部办公室需附有照片，并要有独立办公的自有证明或是租用证明）；

6. 管理人员情况：填写申报国家示范性青少年体育俱乐部时的最新人员情况；须附包括法人、财务人员、日常管理人员（包括专职管理人员）的聘任合同和身份证复印件；

7. 俱乐部在自有场地开展活动的，出具自有场地所有权证明；俱乐部租用场地开展活动的，出具场地租用协议（复印件）；

（二）评估指标部分须提供的证明材料

1. 通过年检状况（提供民政部门出具的年检合格证明或免检证明复印件）；

2. 指导人员情况：填写申报国家示范性青少年体育俱乐部时的最新人员情况；指导人员（包括聘用的指导教师、公益社会体育指导员、职业社会体育指导员、教练员）的汇总表，并需附有聘任合同，指导人员的有关资质证明复印件（教师证、教练证、和职业与公益社会体育指导员证等），以及以上全部人员的身份证复印件；

3. 会员数量：去年（2014年9月至2015月9月）俱乐部个人会员名册（姓名、性别、身份证号、所在学校、参加项目和联系电话）；

4. 日常活动开出情况：提供全年的俱乐部活动计划，会员参加活动的分组名单；

5. 俱乐部收入情况：须按会员会费收入、承接政府购买服务和社会资金三项明细提供财务报表；

6. 提供俱乐部组织夏冬令营活动的有关证明材料（活动通知、报名表、秩序册、照片和活动总结等）；

7. 提供俱乐部组织或承接各级活动的有关证明材料（活动通知、报名表、秩序册、成绩册、媒体报道、照片和活动总结等）；

8. 提供青少年体育后备人才输送情况的证明材料（队员正式招收文件的复

印件）；

9. 提供俱乐部会员参加各级别比赛和获得的名次情况（活动通知、报名表、秩序册、比赛成绩证书的复印件）；

10. 宣传活动形式：该指标主要考察参评单位官方网站或主题网页建设情况。请请参评单位提供说明报告、官方网站或主题网页的网址，相关证明材料附在后面；

11. 特色与创新：主要考察俱乐部在规范性建设、场地、人员、活动、经营收入与社会收入、获得政府购买服务、体制与机制、宣传、参与行业建设等方面的创新方式与良好特色。该部分内容请参评单位提供说明报告与证明材料附在后面。

一、关于申报2016年国家示范性青少年体育俱乐部的概况（阐释申请单位概况及俱乐部运行与经营的基本情况，限500字）

主要包括成立时间、规模、开展的日常培训与活动、组织的赛事、取得的成绩、产生的影响以及俱乐部的财务与盈亏和申请的理由。

二、申报单位的基本情况

俱乐部名称				法定代表人		
日常负责人		手机		固定电话		
俱乐部详细地址				邮编		
依托单位名称						
依托单位类型(相应选项后划“√”)	各类学校			各类场馆		
	各类体校			协会、社团		
	体育传统项目学校			企业、公司		
已开展体育项目数量(个)		已开展体育项目的名称				
俱乐部组织管理(如是请划“√”)并提供证明材料(附件)	俱乐部是否已完成注册“民办非”企业					
	俱乐部法人是否由现职国家工作人员兼任					
	俱乐部是否有独立办公场所					
	俱乐部是否成立理事会					
	俱乐部是否内部机构设置健全					
	俱乐部是否有独立账户					
	俱乐部规章制度是否健全					
管理人员情况	专职数量：			兼职数量：		
场地设施情况	类型/名称	数量(个)	面积（平方米）	请选择俱乐部开展活动场馆的社会开放情况，(如是请划“√”)	如开放则选择开放类型(相应选项后划“√”)并提供证明材料	
					每天开放	节假日开放
	综合馆					
	游泳馆					
	田径场					
	篮球场					
	排球场					
	足球场					

<table>
<tr><td rowspan="6">俱乐部当年的经费支出情况</td><td>总支出(万元)</td><td></td></tr>
<tr><td>用于器材设施的购置、维修(万元)</td><td></td></tr>
<tr><td>用于人员劳务(万元)</td><td></td></tr>
<tr><td>用于场地租赁(万元)</td><td></td></tr>
<tr><td>用于宣传推广(万元)</td><td></td></tr>
<tr><td>用于其他(万元)</td><td></td></tr>
</table>

三、评估指标

填写说明：

◆ 若问题后留有空白，请在空白处填写相应内容；

◆ 若问题为选择题，请在起家选项上划“√”。

<table>
<tr><td colspan="2">通过年检状况</td><td colspan="2">① 合格　② 不合格</td></tr>
<tr><td rowspan="11">指导人员数量（人数）</td><td>类别</td><td>级别</td><td></td></tr>
<tr><td rowspan="2">教练员</td><td>国家级</td><td></td></tr>
<tr><td>高级</td><td></td></tr>
<tr><td rowspan="2">运动员</td><td>国际健将</td><td></td></tr>
<tr><td>健将</td><td></td></tr>
<tr><td rowspan="2">体育教师</td><td>特级</td><td></td></tr>
<tr><td>高级</td><td></td></tr>
<tr><td rowspan="2">职业社会体育指导员</td><td>指导师</td><td></td></tr>
<tr><td>高级</td><td></td></tr>
<tr><td rowspan="2">(公益)社会体育指导员</td><td>国家级</td><td></td></tr>
<tr><td>一级</td><td></td></tr>
<tr><td>俱乐部会员数量</td><td colspan="3"></td></tr>
</table>

<table>
<tr><td>日常活动开出情况</td><td colspan="2">① 每周保证个人会员在俱乐部接受有指导的体育活动3次以上；
② 每周开展体育活动2次；
③ 每周开展体育活动1次</td></tr>
<tr><td rowspan="3">俱乐部收入情况</td><td>会员会费（万元）</td><td></td></tr>
<tr><td>承接
政府购买服务</td><td>① 50万以上　② 30万以上　③ 20万以
④ 10万以上　⑤ 10万以下</td></tr>
<tr><td>社会资金来源</td><td>① 20万以上　②10万以上　③ 5万以上
④ 5万以下</td></tr>
<tr><td colspan="2">组织会员参加夏冬令营活动人/次数</td><td></td></tr>
<tr><td colspan="2">曾组织过各级别竞赛活动情况</td><td>① 国家级　② 省（区市）级　③ 地市级</td></tr>
<tr><td rowspan="4">人才输送</td><td>输送种类</td><td>累计人数</td></tr>
<tr><td>省队和部队体工队</td><td></td></tr>
<tr><td>省级体校（省二线）</td><td></td></tr>
<tr><td>市级体校（省三线）</td><td></td></tr>
<tr><td rowspan="5">参加各级比赛的会员数量情况</td><td>竞赛级别</td><td>累计人数</td></tr>
<tr><td>参加全国性比赛</td><td></td></tr>
<tr><td>参加省级比赛</td><td></td></tr>
<tr><td>参加地市级比赛</td><td></td></tr>
<tr><td>参加区县级比赛</td><td></td></tr>
<tr><td>宣传活动形式</td><td colspan="2">该指标主要考察参评单位官方网站或主题网页建设情况。
该部分内容请参评单位提供说明报告与证明材料附在后面。</td></tr>
</table>

特色与创新	主要考察俱乐部在规范性建设、场地、人员、活动、经营收入与社会收入、获得政府购买服务、体制与机制、宣传、参与行业建设等方面的创新方式与特色。 该部分内容请参评单位提供说明报告与证明材料附在后面。

（以上申报俱乐部的基本情况内容请单位法定代表人核实）

申报俱乐部法定代表人签字：

申报俱乐部盖章

四、证明材料：（有关证明文件和照片请按填报说明列目录排序，标注页码位置，如“指导人员”证明见第xx页~xx页。）

五、申请单位上级业务主管部门意见

区（县）体育行政部门意见   负责人签名　　　　盖章 年　月　日
地（市）体育行政部门意见   负责人签名　　　　盖章 年　月　日
省（区、市）体育局意见   负责人签名　　　　盖章 年　月　日

注：申报单位业务的各级主管部门应写明申报意见，并由分管领导签字，加盖公章。

附件3：

国家示范性青少年体育俱乐部评定指标体系与细则（试行）

（略）

9.7.2 会议评审通知

有关专家：

为促进我国青少年体育俱乐部的健康有序发展，提高青少年体育俱乐部的发展能力与工作绩效，根据青少司的工作部署，委托天津体育学院青少年体育研究中心承担了国家示范性青少年体育俱乐部的评定工作，目前该项工作已经完成了网上申报与前期资格审核等任务。为保证本次评定工作的科学性与严谨性，经研究决定召开国家示范性青少年体育俱乐部评定工作会议，现将有关工作通知如下：

一、会议时间

2016年2月1日至3日。

二、会议地点

天津体育学院

三、会议议程

(一)天津体育学院关于网上申报与前期资格审核等方面情况报告；

(二)青少司发展指导处对评定工作进行部署及说明；

(三)专家对申报材料进行评审；

(四)青少司领导进行总结讲话及后续工作部署。

四、其他事项

(一)会议费用。由国家体育总局青少司拨付天津体育学院专项费用列支；专家来津交通费、在津食宿费用及专家评审费用由会议承担；

(二)会议报到及住宿。天津君豪酒店

地点：天津市河西区环湖中路22号。

(三)参会回执。请于2016年1月29前将参会回执发到天津体育学院。

联系人：

郭潇（青少司）　13611095979

陈洪（天津体育学院）　13682175539

国家体育总局青少年体育司

2016年1月25日

附件1：

“国家示范性青少年体育俱乐部”专家评审有关情况的说明

尊敬的__________教授，您好！

为推动我国青少年体育俱乐部的提升发展，总局青少司今年将评定150所国家示范性青少年体育俱乐部，并给予30万的经费支持。此项工作已委托天津体育学院负责前期组织筹划。目前，前期评审工作的网上客观题评分部分已经结束，下一步是专家对主观题进行打分。主观题评审共有2题，需要专家根据其填报的内容及附件证明材料打分（见附件1）。有关说明如下：

第一步：登录http://www.qingtiwang.net/

第二步：下载指定浏览器（建议临时安装以下任一浏览器，其他浏览器会出现不稳定现象）

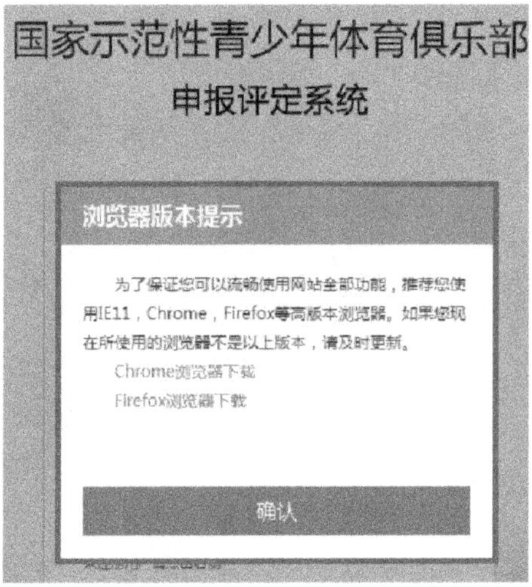

第三步：账号类型选择“专家评委”

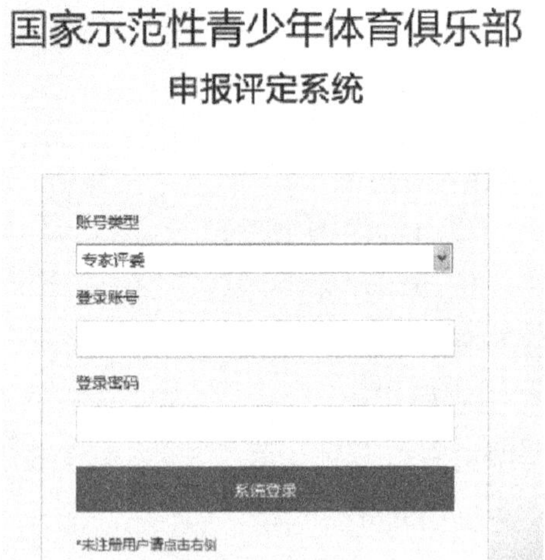

第四步：根据账号及密码进行登录评分

您的账号______：密码：123456

其他事项：

1.目前此项工作任务较紧，请您在2016年2月1日晚23点前完成提交；

2.请您提供身份证正反面影印件（为提高工作效率，请发至陈洪微信上

13682175539或邮箱kyc2624@163.com）、银行卡（卡持有人、卡号，最好是农行）；

3.鉴于您的影响力，特聘请您作为国家体育总局青少年体育司/天津体育学院青少年体育研究院首批智库专家，请您填报简历发回至kyc2624@163.com。

附件2：

智库专家简介参照

<table>
<tr><td>姓　名</td><td></td><td rowspan="5">（照片，生活照、工作照均可）</td></tr>
<tr><td>性　别</td><td></td></tr>
<tr><td>职称/职务</td><td></td></tr>
<tr><td>研究领域</td><td></td></tr>
<tr><td>联系方式</td><td></td></tr>
<tr><td colspan="3">个人简介(可介绍个人学术简历、学术成果、成果获奖等)</td></tr>
</table>

附件3：

"国家示范性青少年体育俱乐部"主观题评价标准(百分制)

序号	文字说明中体现的内容情况及评价	是否上传附件材料及有效性	参考得分
1	没有任何文字说明	否	0
2		是	20~80
3	参照文字说明或附件材料，能够体现该俱乐部开展情况属于较差的	否	30~50
4		是	40~60
5	参照文字说明或附件材料，能够体现该俱乐部开展情况属于中等的	否	60~70
6		是	70~80
7	参照文字说明或附件材料，能够体现该俱乐部开展情况属于好的	否	60~80
8		是	80~100

注：请将文字说明与附件证明材料对照后打分。

9.8 评定结果

9.8.1 《体育总局青少司关于"国家示范性青少年体育俱乐部"命名公示的通知》

各省、自治区、直辖市、新疆生产建设兵团体育局：

根据《体育总局办公厅关于开展国家示范性青少年体育俱乐部评定工作的通知》（体青字〔2015〕106号）要求，经过各省（区、市）体育局组织推荐、第三方机构组织专家评定和国家体育总局统评，评选出150所"国家示范性青少年体育俱乐部"，按照工作程序和要求，现将候选青少年体育俱乐部进行公示，并将有关事宜通知如下：

一、公示期：2016年4月8日至4月15日（名单附后）。在公示期内，单位或个人对公示对象有不同意见的，须以书面形式直接向国家体育总局青少年体育司反映。以单位名义反映问题的，要加盖单位公章；以个人名义反映问题的，一般要求署名或当面反映。反映的情况事实要实事求是，客观公正。对故意捏造事实，给工作造成不良影响的，一经查实，将建议其上级主管部门严肃处理。

二、公示方法：请各单位对相关名单进行核对，如有修正请于2016年4月15日前传真至国家体育总局青少年体育司发展指导处。

三、请登录国家体育总局网站www.sport.gov.cn青少司专栏或青少年体育活动促进官方网站http://www.qingtiwang.net查看。

联系人：国家体育总局青少司　朱英

电话：010-87182068

传真：010-87182342

体育总局青少司

2016年4月6日

附件：

公示名单

国家示范性青少年体育俱乐部		
序号	隶属地区	申报单位
1	北京（5个）	北京市东城区一七一中学青少年体育俱乐部
2		北京市西城区奋斗小学青少年体育俱乐部
3		北京市房山区绿洲青少年体育俱乐部
4		北京市西城区第八中学青少年体育俱乐部
5		北京市大兴区尚体康和青少年体育俱乐部
6	天津市（2个）	天津市武德武道青少年运动俱乐部
7		天津华夏网球俱乐部
8	山西（1个）	太原市龙翔青少年体育俱乐部
9	内蒙古（1个）	内蒙古乌兰察布市集宁区康思俱乐部

续表

序号	隶属地区	申报单位
10	河北（7个）	沙河市腾跃青少年体育俱乐部
11		邯郸市翰懿青少年体育俱乐部
12		滦平县今飞健身俱乐部
13		河北省蔡亚林青少年体育俱乐部
14		张家口纬纶青少年体育俱乐部
15		保定市西部阳光青少年体育俱乐部
16		迁安市九江拳击俱乐部
17	辽宁（5个）	朝阳市奥德青少年体育俱乐部
18		瑞萌青少年体育俱乐部
19		辽宁省盖州市青少年排球俱乐部
20		抚顺市飞翼青少年体育俱乐部
21		抚顺市阳光球类健身俱乐部
22	吉林（7个）	吉林省北亚拳击俱乐部
23		大安市青少年体育俱乐部
24		松原市银星乒乓球俱乐部
25		长春市阳光青少年体育俱乐部
26		长春市树人青少年体育俱乐部
27		梨树县体育运动学校青少年体育俱乐部
28		长春市成冠青少年体育俱乐部
29	黑龙江（1个）	哈尔滨力龙青少年儿童羽毛球俱乐部

续表

序号	隶属地区	申报单位
30	上海市（7个）	上海宝山区东英青少年体育俱乐部
31		上海市东亚青少年体育俱乐部
32		上海普陀区晋元青少年体育俱乐部
33		上海市浦东新区滨江青少年体育俱乐部
34		上海市静安青少年体育俱乐部
35		上海市浦东新区全领青少年体育俱乐部
36		上海市黄浦区格致青少年体育俱乐部
37	江苏（10个）	镇江市八叉巷青少年乒乓俱乐部
38		南京市玄武区南师附小青少年体育俱乐部
39		镇江梦溪棋苑俱乐部
40		江苏省常州市健身青少年体育俱乐部
41		宜兴市周铁青少年体育俱乐部
42		淮安市清河区青少年游泳奥林匹克俱乐部
43		苏州市风火轮轮滑俱乐部
44		徐州市云龙区津浦青少年体育俱乐部
45		如皋市龙腾青少年体育俱乐部
46		江阴高中领跑者青少年体育俱乐部
47	浙江（10个）	浙江五洲青少年体育俱乐部
48		浙江国美青少年体育俱乐部
49		衢州市柯城区联合竞技健美操培训中心
50		金华市丹溪体育俱乐部
51		浙江省衢州市柯城区润达青少年体育俱乐部
52		温州冶金青少年体育俱乐部

续表

序号	隶属地区	申报单位
53	浙江（10个）	浙江省温州市雏鹰青少年体育俱乐部
54		嘉兴市京师南湖青少年体育俱乐部
55		温州市康乐青少年体育俱乐部
56		杭州文龙青少年体育俱乐部
57	安徽（5个）	蚌埠市惠友青少年体育俱乐部
58		宁国市西津青少年体育俱乐部
59		芜湖县第二中学东湖青少年体育俱乐部
60		淮南市第三中学青少年体育俱乐部
61		宿州市第九中学青少年体育俱乐部
62	福建（7个）	厦门市健雄青少年体育俱乐部
63		福建省宁德市福鼎市华鸣青少年体育俱乐部
64		建宁县闽江源青少年体育俱乐部
65		福建省南平市顺昌县春苗青少年体育俱乐部
66		福建省福州市鼓楼区福建诚忠跆拳道俱乐部
67		福建省宁德市屏南白水洋青少年体育俱乐部
68		南靖县祥云青少年体育俱乐部
69	江西（5个）	新余市钢花青少年体育俱乐部
70		江西省阳光青少年体育俱乐部
71		江西省南昌市西湖区广南青少年体育俱乐部
72		江西省临川阳光青少年体育俱乐部
73		江西省九江市德安县希望之星青少年体育俱乐部

续表

序号	隶属地区	申报单位
74	山东（5个）	威海市体育中心青少年体育俱乐部
75		泰安市岱岳区道朗阳光青少年体育俱乐部
76		烟台市育才青少年体育俱乐部
77		邹城市青少年体育俱乐部
78		山东鑫立华运动俱乐部
79	河南（10个）	河南省风云体育运动俱乐部
80		河南省郑州市上街区河南蓝翔青少年航空模型俱乐部
81		河南省南阳市博奥青少年体育俱乐部
82		郑州市青少年体育俱乐部
83		焦作市体育中心雏鹰青少年体育俱乐部
84		安阳市体育运动学校青少年体育俱乐部
85		洛阳市牡丹青少年体育俱乐部
86		河南省济源一中青少年体育俱乐部
87		信阳市体育中学青少年体育俱乐部
88		濮阳市柔柔青少年体育运动俱乐部
89	湖北（8个）	襄阳市楚星青少年体育俱乐部
90		湖北省十堰市青松青少年体育俱乐部
91		宜昌市新星青少年体育俱乐部
92		湖北省天门市实验小学国家级青少年体育俱乐部
93		武昌区首义路青少年体育俱乐部
94		黄石市广场路雏鹰体育俱乐部
95		武汉市汉口文体中心青少年体育俱乐部
96		仙桃市青少年体育俱乐部

续表

序号	隶属地区	申报单位
97	湖南（7个）	湖南省奥体阳光青少年体育俱乐部
98		国家级智勇青少年体育俱乐部
99		衡阳市珠晖区扶小青少年体育俱乐部
100		湖南省明星阳光青少年体育俱乐部
101		长沙市德馨青少年体育俱乐部
102		郴州市奥星青少年体育俱乐部
103		衡阳市雁腾青少年游泳俱乐部
104	广东（8个）	中山市小榄青少年体育俱乐部
105		紫茶青少年体育俱乐部
106		博罗县（惠州）翔梦青少年体育俱乐部
107		广州七中青少年体育俱乐部
108		中山实中青少年体育俱乐部
109		东源县仙塘镇青少年体育俱乐部
110		江门市新会区平山青少年体育俱乐部
111		湛江市麻章区腾龙青少年体育俱乐部
112	广西（1个）	广西环城高尔夫球俱乐部
113	重庆（8个）	大足区青少年体育俱乐部
114		重庆市江北区青少年体育俱乐部
115		江津区青少年体育俱乐部
116		重庆市巴南区济航青少年体育俱乐部
117		重庆市沙坪坝区凤翔青少年体育俱乐部
118		大渡口区绿茵青少年体育俱乐部
119		重庆奥林匹克青少年体育俱乐部
120		重庆市南岸区青少年体育俱乐部

续表

序号	隶属地区	申报单位
121	四川（8个）	南充高级中学国家青少年体育俱乐部
122		三台县奋进青少年体育俱乐部
123		汉源县一中阳光青少年体育俱乐部
124		德阳市腾飞青少年体育俱乐部
125		内江市青少年体育俱乐部
126		四川省成都市都江堰市青少年体育俱乐部
127		巴中市巴州区鲲鹏国家级青少年体育俱乐部
128		乐山市国家青少年体育俱乐部
129	贵州（3个）	贵州省飞翔青少年航空模型俱乐部
130		贵阳市云岩区宏兴体育俱乐部
131		贵阳市观山湖区第一小学青少年体育俱乐部
132	云南（1个）	昆明市春城中学青少年体育俱乐部
133	西藏（1个）	山南地区重点业余体校
134	陕西（5个）	朝阳青少年体育俱乐部
135		陕西省奥体青少年体育俱乐部
136		渭南市朝阳青少年体育俱乐部
137		陕西省宝鸡市奥星青少年体育俱乐部
138		安康市五环之星青少年体育俱乐部
139	甘肃（4个）	嘉峪关雄关青少年体育俱乐部
140		通渭县体育运动学校青少年体育俱乐部
141		甘肃省金昌市蓝梦青少年游泳俱乐部
142		天水市健彬乒乓球俱乐部
143	青海（1个）	格尔木市青少年体育俱乐部

续表

序号	隶属地区	申报单位
144	宁夏（5个）	宁夏回族自治区银川市体育中心青少年体育俱乐部（原：银川体育馆青少年体育俱乐部）
145		石嘴山市体育馆青少年体育俱乐部现更名为石嘴山市体育馆（场）青少年体育俱乐部
146		平罗县青少年体育俱乐部（原平罗县业余体校）
147		宁夏回族自治区固原市彭阳县体育馆青少年体育俱乐部
148		吴忠高级中学青少年体育俱乐部
149	新疆（1个）	新疆吐鲁番鄯善县野马少年儿童足球俱乐部
150	新疆建设兵团（1个）	新疆石河子高中学区青少年体育俱乐部

9.8.2 关于国家示范性青少年体育俱乐部评定工作的说明

为大力推动青少年体育社会组织的发展，促进青少年的广泛体育参与，保障青少年身心健康与体魄强健，国家体育总局青少司在资助建设国家级青少年体育俱乐部的基础上，开展了国家示范性青少年体育俱乐部的评定工作。国家示范性青少年体育俱乐部的评定工作自2015年12月28日开始，经过通知宣传、俱乐部申报、省级体育局审核推荐、第三方机构评定和会议评定等环节的工作，已经完成评定的主要内容，并于2016年4月8日至4月15日期间向社会公示。现将评定工作中发现的参评俱乐部的一些常见问题和对入选国家示范性青少年体育俱乐部的后续要求做简要说明。

本次国家示范性青少年体育俱乐部评定工作对参评俱乐部提出了明确的资格条件，参评俱乐部整体来看具有较好的条件。但也存在一些关于自身条件或操作技术等方面的问题，影响到入选机会、参评资格或评定成绩。这些问题主要表现在以下几个方面：①基于指标体系的评定成绩排名未进入前150名；②某个或某些资格条件方面与要求不符（如不满3年）；③资质或证明材料在参评资料中前后不一致；④未注册民办非企业或无佐证材料；⑤佐证材料存在不实、无效、不完整甚至缺失现象；⑥未通过年检或无有效说明。

有一些绩效不错的俱乐部可能因为以上某项或多项问题的存在而未能进入最终名单。另外，由于此次评定工作对入选国家示范性青少年俱乐部的数量和各省市推荐的数量均有数量限制，可能会有一些绩效不错的俱乐部因此而不能进入最终名单。未能入选的俱乐部可以结合以上列出的问题进行自我分析，为以后的工作扫除障碍。

入选的国家示范性青少年体育俱乐部须通过不断发展和提升，在本地区和行业内积极发挥示范、引领和带动作用。国家体育总局将组织专家团队进行抽查工作，省级体育局对入选俱乐部时行复查工作，一旦查出不符的俱乐部，将酌情做出警告、取消资格与资助等处理；入选的俱乐部每年要接受检查与督导；每年派出骨干代表参加关于青少年体育俱乐部领域的培训工作；入选俱乐部应当利用先进的、适宜的科学技术手段，通过建设主题网站、开通微信公众号等方式与国家体育总局青少司指定网站和技术载体进行对接、沟通，积极开展对内与对外的宣传工作。

我国青少年体育俱乐部的建设工作仍处于发展和建设的初期阶段，许多工作还需要不断发展和完善来提升组织绩效和行业水平。入选的国家示范性青少年体育俱乐部应当通过主动性工作，努力在俱乐部的规范性建设、服务基础、服务内容、发展能力、活动开展、人才培养、服务效果、承接政府购买服务、文化培育与特色形成等方面不断扩展、提升和深化，为青少年体育社会组织的发展和青少年体育事业的发展做出积极贡献。

9.8.3 关于“×××俱乐部”评定结果的说明(示例)

根据申报数据资料，×××俱乐部自2009年成立以来开展了大量工作，取得了较好的业绩成果。但是由于其评估指标得分排名未进入前150名，因而未入选国家示范性青少年体育俱乐部名单。俱乐部虽然在若干项上指标上有较好的成绩，但同时在部分指标上存在不足。

9.8.3.1 成绩较好的指标

主要包括：“通过民政部门上一轮次年检情况”“开展日常活动的状况”“承接各级政府购买服务的资金额度”“主办或承办各级竞赛的情况”（参考表9-2中第1、2、3、5项指标）。

9.8.3.2 成绩较差的指标

主要包括：如“接受捐赠或资助资金以及冬夏令营等其他收入额度”“指导人员与个人会员数量”“高级别指导人员数量”“举办冬夏令营活动的人次数”“向运动队输送人才的数量”等方面（参考下表第4、6、8、9、10项指标）。

9.8.3.3 不实或不准确之处

该俱乐部评定指标选项与提供的证明材料有不准确之处。第3题中承接各级政府购买服务的资金额度为146万元，第7题中会员会费收入额度204万元中仍包含了146万元（应减去该额度）。

表9-2“×××俱乐部”评定指标填写与选择情况汇总表

题序号	具体指标	指标选项④	各指标得分权重①	实际得分或优劣判断③
1	通过民政部门上一轮次年检情况	A	5	5
2	开展日常活动的状况	A	6	6
3	承接各级政府购买服务的资金额度	A	7.5	7.5
4	接受捐赠或资助资金以及冬夏令营等其他收入额度	D	8	较差
5	主办或承办各级竞赛的情况	A	10	10
6	"A":"指导人员数量","B":"个人会员数量"	3-517	10	一般或较差
7	会员会费收入情况(单位:万元)	204	7.5	较好
8	高级别指导人员	0-0-1-0-0-0-1-0-0-1	6	较差

续表

题序号	具体指标	指标选项④	各指标得分权重①	实际得分或优劣判断③
9	举办冬夏令营活动的人次数	70	10	较差
10	向运动队输送人才的数量	0-0-0-0	10	较差
11	参加各级竞赛的会员数量	3-18-53-80	10	较好
12	参评单位宣传情况的说明	——	10②	7
13	俱乐部发展的创新方式与良好特色	——		
	总分		100	59

注：

①表中“各指标得分权重”对应的是根据各项指标的权重计算出的该项指标的满分值。

②第12题和13题属于主观题，该部分由专家根据俱乐部给出的相关指标的说明进行评分。

③由于网络评分系统只给出总分和其中的主观题分(第12题和13题)，因此1~11题的得分带有判断性质，其中以数值表示的，可信度较高(因选择对应最高分的选项)，定性判断为“较差”的信度次之，再次为定性判断中带有“较好”的。

④表中“指标选项”一列是“青岛泳联汇游泳俱乐部”对应各项评定指标做出的答案选项或填写的数据。

（撰写人：孙荣会，肖林鹏，陈洪，郇昌店）

下 篇

青少年体育俱乐部现状调查

10 俱乐部发展概况

10.1 青少年体育俱乐部建设情况

青少年体育俱乐部能为广大青少年的课外锻炼提供可信赖、安全、便利的锻炼场所，它也是通过组织体育活动搭建青少年与外界社会沟通的桥梁。自2000年正式创建以来，国家体育总局持续在全国各省（区、市）扶持青少年体育俱乐部的创建。

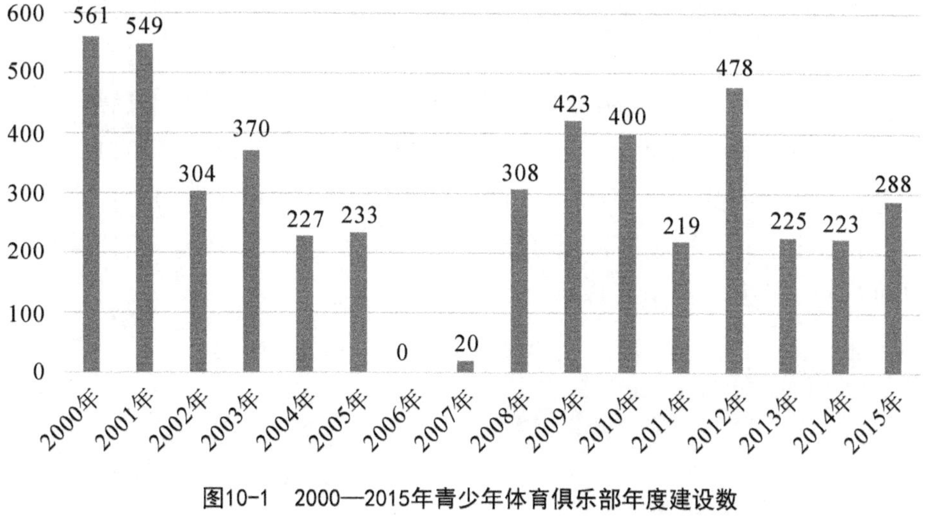

图10-1 2000—2015年青少年体育俱乐部年度建设数

截至2015年底，各地青少年体育俱乐部创建数量持续增长，共计6150个，年均资助创建数量达到384个。除了2006年和2007年，其他14年每年创建数都在200个以上，最开始两年甚至每年创建超过500个（图10-1）。

图10-1表明，从2000年至2007年青少年体育俱乐部创建数量波动情况明显。《1999年度体育彩票公益金用于扶持创建青少年体育俱乐部实施方案》规定，“根据青少年体育俱乐部试点工作的需要，在全国16个省、市，不同的行政区域，选择有条件的地区、体育场馆、各类体校、各类学校、各基层体育项目协会（青少年喜爱并易普及的运动项目），原则上按1：1.5：3.5：2.5：1.5的比例分配，社区10个、体育场馆15个、各类体校35个、各类学校25个、各基层单项体育协会15个，共100个试点单位进行创建青少年体育俱乐部 。”由此可以看出，在青少年体育俱乐部创建初级，各地对青少年体育俱乐部都处于试办阶段，依托单位创建经验不足，因此这一阶段青少年俱乐部的创建工作人为干扰较大。自2008年起至2015年，青少年体育俱乐部创建工作趋于成熟，俱乐部的创建数量基本能够根据各地实际情况而定，俱乐部创建逐渐从初级探索向相对成熟阶段转变。

10.2 青少年体育俱乐部分布情况

青少年体育俱乐部的创建虽然在不同地区的情况有所不同，但到2013年就已实现了全国覆盖，截至2015年平均每个省市有192个俱乐部，2014年平均每个省市俱乐部拥有数量为168个，2016年比上一年度平均数高24个。比对两年数据可以看出，东、中、西部发展比例与上一年度基本没变化，仍旧是东部为主，西部差距较大（图10-2）。

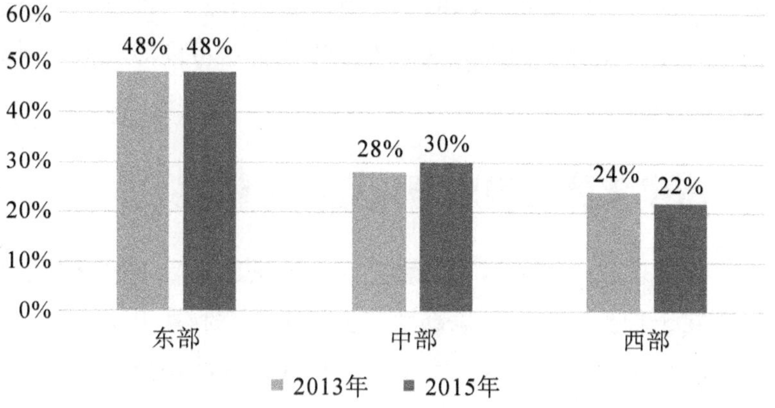

图10-2　2013年与2015年我国东、中、西部青少年体育俱乐部比例对比示意图

当前，各地青少年体育俱乐部总体分布不均衡，俱乐部的创建以沿海地区的东部江浙一带为主，除了海南省外都达到了100个以上，其中浙江和江苏发展最多，分别达到599个和579个。中部地区10个省市中除了山西和青海，其他都达到了100个以上，其中以安徽最为突出有385个。最后西部地区相对较弱，9个省市中7个都达到了100个以上的数量，但是创建最多的四川数量是259个，比东部最多的浙江差距将近一倍（表10-1）。从整体上看，青少年体育俱乐部在西部地区创建仍处于较缓慢状态，且与中、东部地区差距较大。

表10-1　截至2015年青少年体育俱乐部全国分布

东部	省市	浙江	江苏	广东	山东	北京	上海	河北	天津	辽宁	福建	广西	海南	合计	所占比例
	数量	599	579	397	120	168	185	283	118	198	118	124	28	2917	48%
中部	省市	安徽	河南	吉林	湖北	江西	黑龙江	内蒙古	山西	青海	湖南			合计	所占比例
	数量	385	229	336	267	103	113	125	87	82	157			1884	30%
西部	省市	重庆	四川	云南	甘肃	新疆	陕西	宁夏	贵州	西藏				合计	所占比例
	数量	239	259	183	146	146	125	122	60	69				1349	22%

以上表明，青少年体育俱乐部的创建数量受多方面因素影响，经济社会发展水平、风俗习惯、体育意识、大众对青少年体育认可度等对俱乐部的创建都会产生一定的影响。

10.3　青少年体育俱乐部依托单位情况

青少年体育俱乐部属性虽然与市场上其他俱乐部都属于体育俱乐部一类，但是本质区别在于青少年体育俱乐部性质上属于非营利性组织，具有“公益性特征”[1]。也就是说，青少年体育俱乐部是具有公益性特征的社会组织——体育类民办非企业单位（社会服务机构）。2000年11月10日，由国家体育总局和民政部颁布并实施的《体育类民办非企业单位登记审查与管理暂行办法》中，体育类民办非企业单位是指：“由企业事业单位、社会团体、其他社会力量和公民个人利用非国有资产举办的，不以营利为目的的，以开展体育活动为主要内容的民办的中心、院、社、体育场馆等社会组织。”[2]目前，青少年体育俱乐部的初始创建主要是靠体育彩票公益金来扶持，由于俱乐部的建设和发展还需要大量的人员和场地等其他必需资源，单一依靠政府力量或民间力量都无法保障青少年体育俱乐部的健康持续发展。根据国家体育总局要求，青少年体育俱乐部是依托于各类政府机构或企、事业单位，利用现有人员、场地等资源，建立的社会化青少年体育组织。俱乐部的非营利性，决定了其并不是以获取最大利益而存在，而是为广大青少年提供更好的平台和资源进行普及体育项目知识、增强对体育项目的兴趣和形成体育锻炼习惯、积极参加体育活动、提高身体素质为基本目标。

青少年体育俱乐部的依托单位主要分为五大类，即各类学校、各类体校、公共体育场馆、街道社区、运动项目协会托单位（表10-2）。

[1] 肖林鹏. 我国青少年体育俱乐部性质辨析[J].西安体育学院学报.2008,25(2):23-26.
[2] 国家体育总局，民政部.体育类民办非企业单位登记审查与管理暂行办法[Z].2000.

表10-2 青少年体育俱乐部依托单位类型（n=551）

依托单位类型	俱乐部数量	占被调查俱乐部的比例（%）
学校	310	56.3
体校	112	20.3
场馆	80	14.5
社区	1	0.2
体协	6	1.1
其他	42	7.6
合计	551	100

本次调查样本中，551家国家级青少年体育俱乐部结果显示，与2014年以前相比较可以看出，近些年主要依托单位比例基本保持不变，各类学校、各类体校和公共场馆是2000年至2015年间，青少年体育俱乐部主要的三类依托单位（图10-3）。其中都是以学校为主，2015年占到总数的56.3%，比去年略增长了0.9%，其次是各类体校和公共场馆，分别都比2014年以前略增长了1.5%和0.5%，街道社区、运动项目协会和其他依托单位都比2014年前有小幅下降（图10-3）。

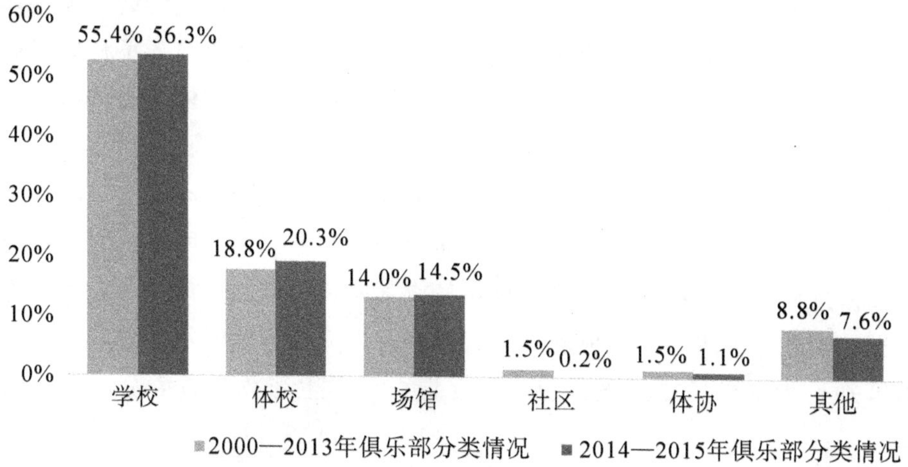

图10-3 青少年体育俱乐部依托单位类型对比

由上述调查结果可以看出，学校、体校和场馆是青少年体育俱乐部创建的主要依托单位，这对学校创建俱乐部的政策倾斜有着重要关系。2004年，国家体育总局规定“各级体育行政主管部门在上报创建单位中，依托各级学校创建的比例不低于50%。”[3]青少年的生活环境主要是学校、家庭和社会，因此，青少年进行日常体育锻炼和活动的场所主要就是集中在各类学校、各类体校和公共场馆。在校生上课时间以各类学校和各类体校为主，课外时间以公共场馆为主。另外，各类学校、各类体校和公共场馆相对其他类型依托单位在人员和场地等资源上相对更加丰富，更加适合青少年进行体育锻炼、开展体育活动。因此，各地在创建俱乐部时更多地依托于这三类单位来创立。依托单位为俱乐部提供了多种类资源，来保障俱乐部的可持续发展。因此，青少年体育俱乐部应更注重与各类依托单位的有机合作和协同发展。

为实现青少年体育俱乐部实现更好地发展，俱乐部首先应区分青少年体育俱乐部本身与依托单位的区别。由于绝大部分青少年会员都是在校学生身份，而且青少年体育俱乐部很大比例上以各类学校和体校为依托单位，甚至大多俱乐部管理人员和员工与依托单位都有很大重叠，导致俱乐部惯性地用学校体育课程或专业体育项目运动队的模式来教育、训练青少年，以提高青少年运动项目技能为主要目标。俱乐部培训缺乏趣味性、多样性，体育活动单调、缺乏吸引力。在产品多样、竞争激烈的市场环境下，本来处于资源优势的青少年体育俱乐部，由于没有明确其与依托单位的区别，许多管理者仍沿袭了相对落后保守的管理理念和经营方式，使其市场竞争力每况愈下，导致依托单位提供的资源由优势变劣势。

在各类学校和体校的体育课程或运动训练过程中，青少年的体育锻炼和活动是以老师为主导或强制的被动选择。而青少年体育俱乐部所提供的运动项目培训和体育活动服务更多的是青少年自身或其家长引导的选择，是青少年主动的选择。因此，青少年体育俱乐部的管理者首先应该明确俱乐部与依托单位的根本区别是为青少年提供服务的，转变青少年学生受教育的身份，而是消费

[3] 国家体育总局. 关于做好2004年青少年体育俱乐部创建工作的通知[Z].2000.

者享受服务的身份[4]。因此，处于资源和政策优势青少年体育俱乐部应整合资源，以提高青少年对各体育运动项目的兴趣为出发点，设置符合青少年心理和生理成长特点的培训课程，激发其对体育的热情，享受体育锻炼的过程。定期与学校和社会上其他类型组织合作开展形式多样的活动，为青少年搭建社交、互动平台，增强家长和青少年对俱乐部依赖性和忠诚度。

10.4 青少年体育俱乐部开展项目情况

青少年体育俱乐部开展活动主要包括单项型和综合型两大类。单项型青少年体育俱乐部是指以某一运动项目作为开展青少年体育服务的内容。综合型青少年体育俱乐部是指为青少年提供两种或两种以上运动项目服务。

表10-3 2015年青少年体育俱乐部项目发展类型（n=551）

类型	俱乐部数量	占被调查俱乐部的比例（%）
综合	475	86.2
单项	76	13.8
合计	551	100

从2015年数据看，依然以综合型俱乐部为主，占总数的86.2%（表10-4）。但通过与上一年度相比较可以看出，单项型俱乐部明显增加，比去年增加1倍多，占到总数的13.8%（图10-4）。由此说明，俱乐部由于以学校、体校和场馆三大类依托单位为依赖，多以开展综合运动为主，但越来越多的俱乐部开始重视突出特色型的单项发展，以为青少年群体在自身喜好的专项运动中提供更专业、更全面的服务。

[4] 陆作生.我国青少年体育俱乐部运营模式研究[D].北京：北京体育大学，2004.

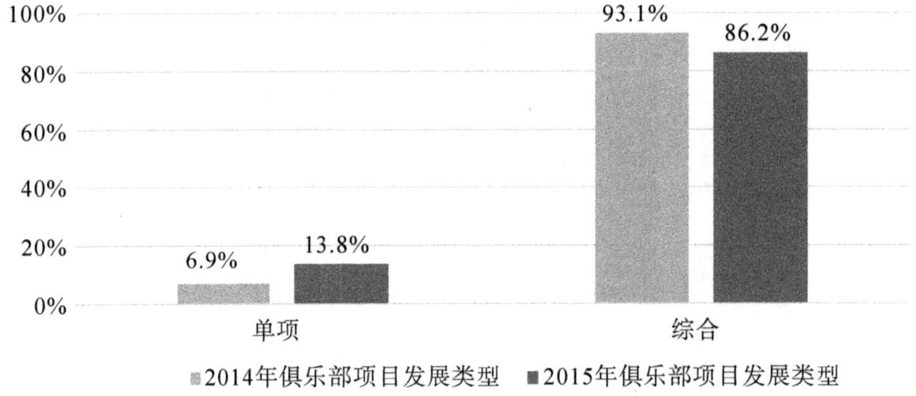

图10-4　青少年体育俱乐部发展类型比较

（撰写人：肖林鹏，孙荣会，张鹭）

11 俱乐部的基础条件[5]

11.1 青少年体育俱乐部注册登记情况

随着法律制度的完善和市场要求越来越高，青少年体育俱乐部的合法性、规范性是俱乐部作为非营利组织正常运行和可持续发展的基础条件。《中华人民共和国民法通则》（以下简称《民法通则》）规定：法人是具有民事权利能力和民事行为能力，依法独立享有民事权利和承担民事义务的组织。法人的民事权利能力和民事行为能力，从法人成立时产生，到法人终止时消灭[6]。《民法通则》还规定法人需具备四方面条件："需依法成立；有必要的财产或者经费；有自己的名称、组织机构和场所；能够独立承担民事责任。"在机关、事业单位和社会团体法人中，特别规定："具备法人条件的事业单位、社会团体，依法需要办理法人登记的，经核准登记，取得法人资格。"

根据各类社会组织注册的要求，具备青少年体育俱乐部的法人资格须具备若干方面的基本条件和要求。从俱乐部注册类型情况、法定代表人身份、是否设定独立的银行账号及俱乐部产权归属情况四个方面考察青少年体育俱乐部的规范性。

[5] 以下数据均来自2015年12月全国申报国家示范性青少年体育俱乐部的551家国家级青少年体育俱乐部样本.

[6] 内容来自《中华人民共和国民法通则》，第三十六条、第三十七条、第五十条.

11.1.1 青少年体育俱乐部注册类型情况

根据相关要求，青少年体育俱乐部应该注册为非营利组织，但由于实际情况所限，俱乐部注册类型也出现了其他类型。调查结果显示，没有注册为企业类型的俱乐部，民办非企业性质的社会组织是青少年体育俱乐部注册的主要类型，占被调查俱乐部的80%以上。注册为社会团体的俱乐部占5.3%，还有小部分4.3%的俱乐部未完成注册（表11-1）。3.3%注册为其他类型的俱乐部主要以学校为主。

表11-1 青少年体育俱乐部注册情况统计表（n=551）

序号	注册类型	俱乐部数量	占被调查俱乐部的比例（%）
1	没有注册	24	4.3
2	注册为民办非企业	480	87.1
3	注册为社会团体	29	5.3
4	注册为企业	0	0.0
5	注册为其他类型	18	3.3
	合计	551	100

2003年，国家体育总局和民政部联合发文明确了民办非企业的注册制度，从此确立了青少年体育俱乐部的合法地位。按照国家体育总局规定，各创建俱乐部也相继在民政部门进行了注册。2012年，国家体育总局在申办国家级青少年体育俱乐部通知中要求，基本条件之一是“俱乐部已经取得民办非企业登记证书（属地体育部门协助没有取得登记证书的俱乐部进行注册登记，3个月内补齐）”[7]。这一规定促进了俱乐部积极按照法规注册，但也有申请后3个月未完成注册的情况发生。因此，调查结果绝大多数俱乐部都注册为民办非企业，这一结果与在2014年之前的调查数据基本一致，都是超过80%的俱乐部注册为民办非企业，注册为社会团体的俱乐部今年较去年明显大幅减少，其他各类型注册情况两年基本一致（图11-1）。

[7] 国家体育总局. 办公厅关于申报2012年国家级青少年体育俱乐部的通知[Z], 2012.

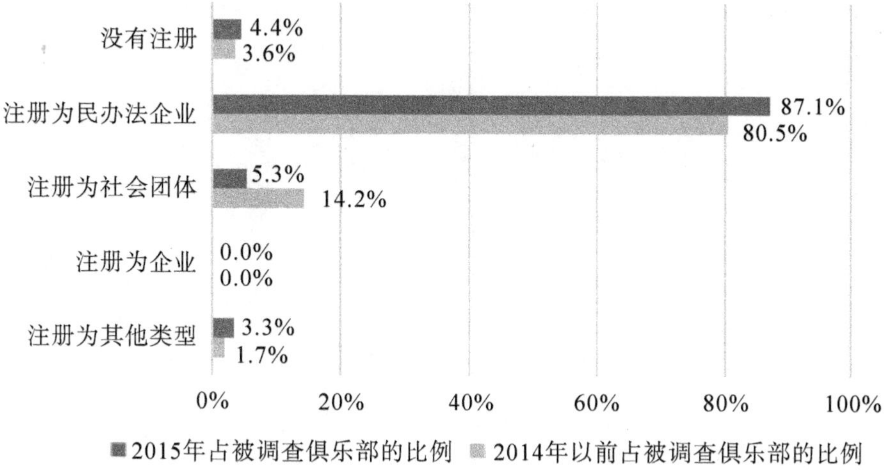

图11-1 青少年体育俱乐部注册情况对比

在2015年被调查的俱乐部中，没有注册的24个俱乐部从地域上看，主要集中在西部地区，青海省和西藏共计8家俱乐部，其次是甘肃省、江苏省、江西省、海南省、陕西省各2家，最后山东、辽宁、重庆新疆陕西和内蒙古各1家（图11-2）。从俱乐部成立时间上看，各年度几乎都有没有注册或者未完成注册的情况，2009年成立的俱乐部较为突出有5家未注册（图11-3）。调研发现，俱乐部不能注册的主要原因在于个别地方申办手续繁杂，加之相关部门的推诿，导致俱乐部最终失去法人登记的积极性。

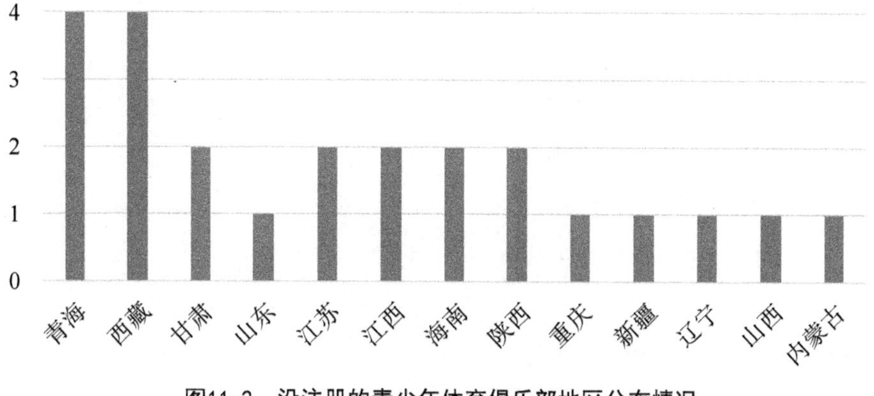

图11-2 没注册的青少年体育俱乐部地区分布情况

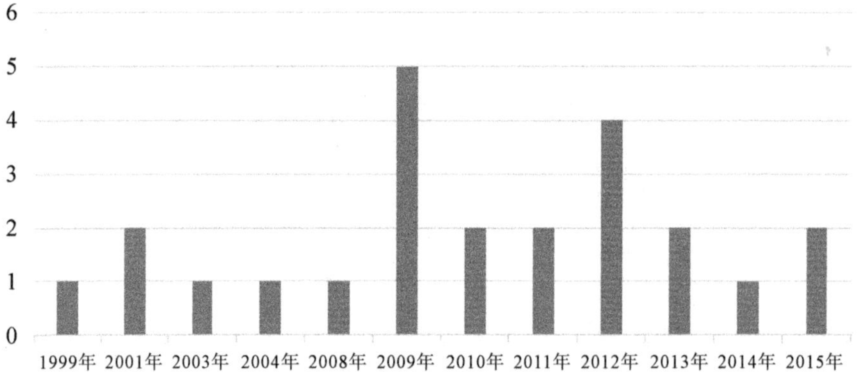

图11-3　没注册的青少年体育俱乐部成立时间分布情况

11.1.2　青少年体育俱乐部负责人专兼职人员情况

俱乐部负责人是俱乐部经营管理的决策者，对俱乐部发展起着决定性作用。青少年体育俱乐部负责人主要包括5大类来源，分别为依托单位的负责人、依托单位的管理人员、依托单位的一般人员、其他单位人员和外聘离退休人员。根据数据显示，将近85%的负责人是来自依托单位相关人员，这一数值与2014年44.6%的比例相比较略有所上升（表11-2）。

表11-2　青少年体育俱乐部负责人身份情况统计表（n=551）

序号	负责人身份	俱乐部数量	占被调查俱乐部的比例（%）
1	依托单位负责人兼任	282	51.1
2	依托单位管理人员兼任	132	24
3	依托单位一般人员兼任	38	6.9
4	其他单位人员兼任	64	11.6
5	外聘离退休人员兼任	35	6.4
	合计	551	100

俱乐部负责人是否为专职影响着俱乐部日常经营和未来发展，体现了俱乐部发展的成熟和规范程度。由于社会上对民办非企业单位性质认知的不足，相当部分俱乐部为兼职法人（55.9%）。但随着近年来体育产业的蓬勃发展，市场需求不断增加，对俱乐部负责人要求越来越高，兼职管理俱乐部的身份无法满足俱乐部的深入发展。2015年的调查报告显示，78.5%的俱乐部法定代表人是兼职身份，22.5% 俱乐部法定代表人是专职身份。与2014年数据相比，俱乐部法定代表人专职的数量有较大上升，所占比例达到了将近一半的状态，体现了青少年俱乐部规范化建设在不断成熟（图11-4）。

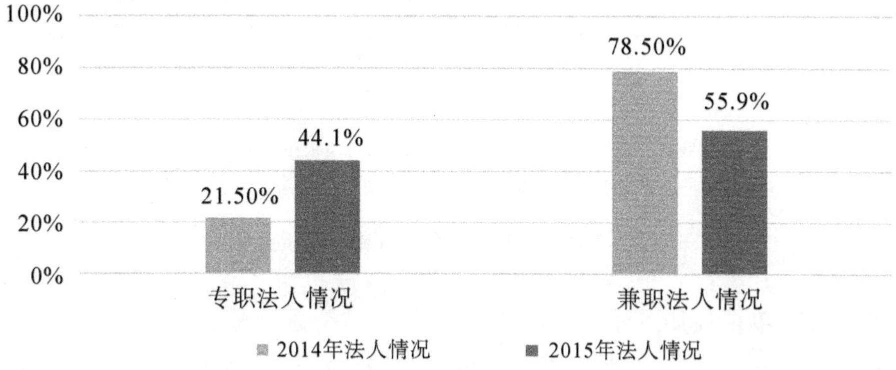

图11-4　青少年体育俱乐部法人专、兼职情况对比

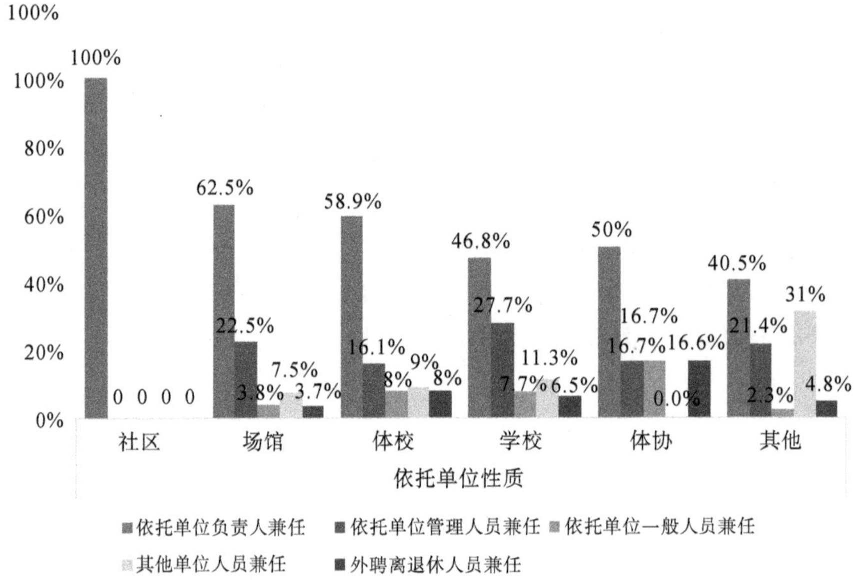

图11-5　青少年体育俱乐部不同依托单位性质负责人情况

根据依托单位性质的不同，在俱乐部负责人兼任情况上也略有不同。调查结果显示，由依托单位负责人兼任青少年健身俱乐部负责人比例超过40.5%，以社区为依托单位的俱乐部100%由社区单位负责人兼任（图11-5）。场馆、体校、学校和体协为依托单位的俱乐部除了以依托单位负责人兼任法人外，以依托单位管理人员兼任为主，而其他依托单位性质的俱乐部则以其他单位人员兼任占据第二大比例。以依托单位一般人员兼任和外聘离休退休人员兼任俱乐部负责人的俱乐部在各依托性质俱乐部中所占比例基本持平。由此不难看出，青少年体育俱乐部基本上都受依托单位所管理，虽然依托单位为俱乐部能够提供各方面资源，但是在一定程度上也限制了俱乐部的发展，而如何在依托单位体制限制下，创建合作的青少年体育运营模式将是未来尚待解决的问题。

11.1.3　青少年体育设立独立银行账号情况

设立独立的银行账号是组织注册法人的必要条件之一，也是青少年体育俱乐部正常运行发展的一项基本条件。调查结果显示，88.6%的俱乐部都设立了独立银行账号，只有不到10%的俱乐部没有设立（表11-3）。

表11-3 青少年体育俱乐部是否有独立银行账号情况统计表（n=551）

是否有独立的银行账号	俱乐部数量	占被调查俱乐部的比例（%）
是	488	88.6
否	53	9.6
不清楚	10	1.8
合计	551	100

从调查数据看，与上一年度调查中将近有30%的俱乐部没有独立账号相比，2015年减少了10%，只有11.4%的俱乐部没有或者不清楚设置独立账号，设立独立账号的俱乐部比去年增加了15%（图11-6）。该数据表明，越来越多的青少年体育俱乐部在规范化建设方面不断趋于成熟。

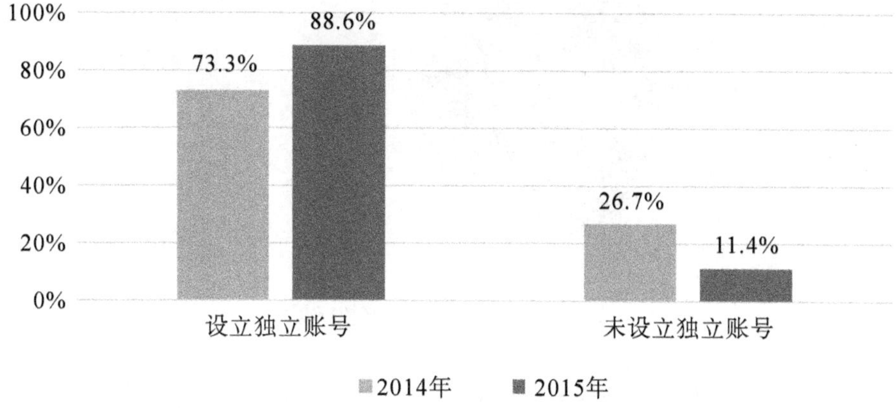

图11-6 青少年体育俱乐部设立独立账号情况对比

11.1.4 青少年体育俱乐部产权归属情况

产权在法律上定义为财产所有权。我国《民法通则》对产权的界定是："所有人依法对自己的财产享有占有、使用、收益和处分的权利"。与营利组织不同的是，非营利组织的资金来源形式、渠道多样，它既不能属于私有产权，也不能完全属于所有权主体为国家的国有产权。在非营利组织中，产权常出现产权关系不明确、无法界定所有权的情况。因此，管理者因缺乏经济激励而丧失积极性的情况比较多见。青少年体育俱乐部同其他非营利组织面临的问题也是一样，相当数量的俱乐部产权归属模糊，影响组织的激励机制发挥，不能有效地激励俱乐部负责人或法人高效经营和发展俱乐部的情况比较多见。调查结果表明，57.7%的被调查俱乐部产权归属方为依托单位，产权归属方为法人出资人的俱乐部位居其次，比例为13.2%，产权归属方为法人的俱乐部比例为11.3%，略低于法人出资人。产权归属方为主管部门和注册部门的俱乐部比例较小，分别为8.5%和3.3%。也就是说，将近70%的俱乐部归属为各单位，仅有不到25%的俱乐部是归属法人或法人和出资人共有，另外仍有4%左右的俱乐部归属不明确（图11-7）。

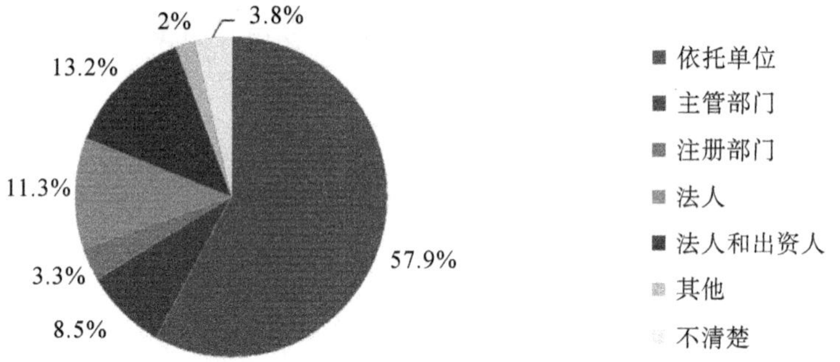

图11-7　青少年体育俱乐部产权归属情况

根据谁投资，谁受益的原则可以断定，俱乐部的实际出资人与产权所有人是相一致的。明确俱乐部产权归属是青少年体育俱乐部长期、稳定发展的重要基础。因为俱乐部的资金来源多样，虽然产权无法很明确地设定，但应该有相应的法律制度对资产的使用权和控制权加以约束并且明确其权利主体[8]。

由以上调查结果分析可以看出，由于青少年体育俱乐部性质为民办非企业的特殊性，俱乐部负责人超过半数依托单位负责人兼任，俱乐部产权归属方超

[8]　何诗颖，祁艳洋. 非营利产权问题[J]，行政事业资产与财务，2014（3）.

过半数是单位，其对于单位的依赖性依然比较强，制约了其在负责人身份、产权归属和注册独立银行账号等方面的规范性。也由此在一定程度上对俱乐部日常经营管理和未来发展规划造成制约性影响。可见，产权问题关系到俱乐部的生存发展，青少年体育俱乐部自力更生、独立发展的道路任重道远。如何在相对丰富的资源，有限的制度中寻求更合理、合法的发展是当前青少年体育俱乐部面临的重要挑战。

11.2 青少年体育俱乐部工作人员情况

青少年体育俱乐部的从业人员主要包括三大类，即专职人员、兼职人员及志愿者。这三大类工作人员承担俱乐部管理、体育活动的指导与体育活动的组织等工作内容。

11.2.1 青少年体育俱乐部专兼职人员情况

固定的负责人和管理人员对俱乐部持续、稳定发展起着举足轻重的作用。组织内工作人员的稳定能够保障俱乐部稳步、有序地开展日常业务，使俱乐部未来发展规划更具可持续性。调查结果显示，44.1%的俱乐部配有专职人员，与上一年度相比，俱乐部法人代表中有21.5%为专职人员，而2015年上升到44.1%。也就是说兼职人员中，管理人员比例在减少，服务、指导或者愿者兼职增加（表11-4）。可见，俱乐部相对稳定的专职人员队伍已逐渐形成，青少年体育俱乐部拥有稳定的管理层，合理、合法安排和利用专职、兼职及志愿者人员是俱乐部持续健康发展的重要基础。

表11-4　青少年俱乐部专兼职情况统计表（n=551）

专兼职情况	俱乐部数量	占被调查俱乐部的比例（%）
专职	243	44.1
非专职	308	55.9
合计	551	100

表11-5 青少年体育专兼职人员各文化程度人数统计表

		初中及以下	高中、中专	大专	大学本科	研究生
专职人员	人数	86	432	732	1791	106
	比例	2.7%	13.7%	23.3%	56.9%	3.4%
兼职人员	人数	68	375	1306	4295	226
	比例	1.1%	6.0%	20.8%	68.5%	3.6%

青少年体育俱乐部的重要职能是培养和锻炼青少年对体育运动的兴趣和技能，因此，俱乐部工作人员的专业素质影响着青少年对体育项目的喜好及训练的专业程度。由于青少年体育俱乐部的依托单位多为学校、体校和场馆，专兼职人员文化程度相对较高。调查结果显示，其专、兼职工作人员学历层次基本保持一致，几乎都在高中以上水平，大学本科的人数比例最大，超过了55%以上，兼职人员更是将近达到70%都为大学本科学历，另外还有部分工作人员更是达到了研究生学历（表11-5）。根据调查结果，对年度专职人员文化程度比较可明显看出大学本科学历工作人员明显增加，初中及以下学历工作人员大幅减少（图11-8）。说明青少年体育俱乐部工作人员整体学历素质在不断提升，这为培养和训练青少年体育运动提供更可靠、专业的服务，也由此为其良性发展奠定基础。

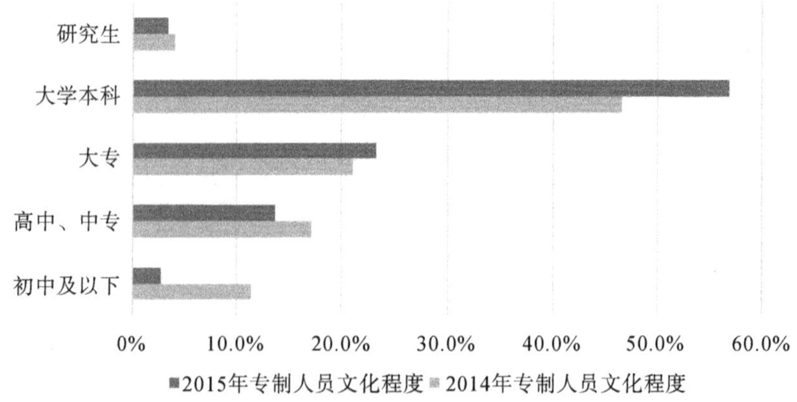

图11-8 青少年体育专兼职人员文化程度情况比较

11.2.2 青少年体育俱乐部志愿者情况

志愿者是指出于自由意志而基于个人义务和法律责任，秉承以知识、体能、劳力、经验、时间等资源贡献社会的宗旨，不以获取报酬为目的，为社会提供各项辅助性服务的人员。随着社会发展和文明进步，志愿精神逐步得到加强。志愿精神通过公民的奉献和义务，使公民志愿在非营利组织工作，使公民从邻里精神上承担社会责任，这种精神在我国越来越多反映在非营利组织领域。体育志愿者是体育组织和活动中不可或缺的重要组成部分，但在我国体育志愿者起步相对较晚。在党的十八工作大报告中特别指出："深化群众性精神文明创建活动，广泛开展志愿服务，推动学雷锋活动、学习宣传道德模范常态化"，这为志愿者服务事业的发展提供了有力的依据。

青少年体育俱乐部的性质是公益性体育组织，不以利润最大化为最终目标。根据相关规定，各级依托单位应偿提供财政、人力、场地等各种资源来帮助俱乐部实现发展目标，这本身就是公益和志愿精神的体现。在青少年体育俱乐部中工作的志愿者也应该是本着无偿付出的宗旨，提供自身可用资源。俱乐部将志愿者所提供的资源转化为公共资源，为青少年提供更好、更专业的服务。

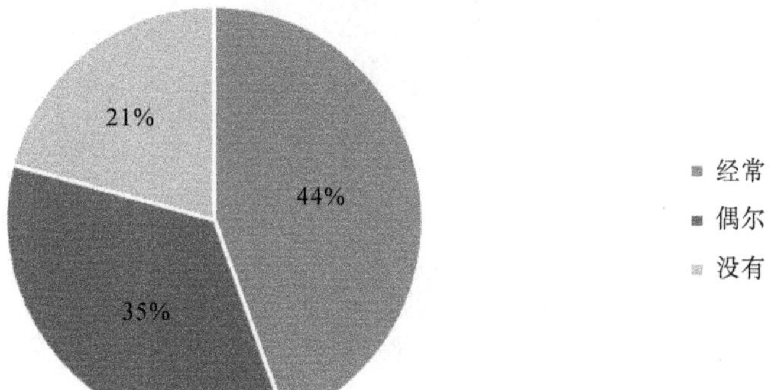

图11-9 青少年体育俱乐部志愿者服务情况

调查结果显示，将近80%的俱乐部有志愿者服务，其中44.5%即将近一半的俱乐部都是经常有志愿者服务。调查结果表明，近两年，志愿者服务比例有很大提高，从27.7%提高到44.5%。原来完全没有志愿者服务的俱乐部比例大幅减少，低至20.9%。由此可总结，青少年体育俱乐部越来越重视志愿者的工作，志愿者越来越成为俱乐部发展的重要参与力量（图11-9）。

青少年体育俱乐部志愿者来源主要由5大类构成，即会员家长、高校教师、高校学生、社会人士及其他。比例最高的是会员家长，占志愿者总数的41%，其次是社会人士占27%，高校教师和学生也是志愿者的重要来源，共占27%（图11-10）。与2014年相比，虽然高校教师和学生仍然是志愿者主要来源，但2015年度会员家长作为志愿者比例增加显著，达到将近60%的比例（图11-11）。这也是近几年家长注重与孩子互动，增加亲子时间、增进与孩子感情的观念不断加强的表现。与此同时，家长也在过程中增强了体质，对体育项目有了更进一步的了解和兴趣。社会人士比例基本保持不变，这在一定程度上表明社会对青少年体育俱乐部的认知和认可程度较高，支持度增加拓宽了俱乐部发展的道路和辐射范围，也有利于建立更广泛的人力资源网络。

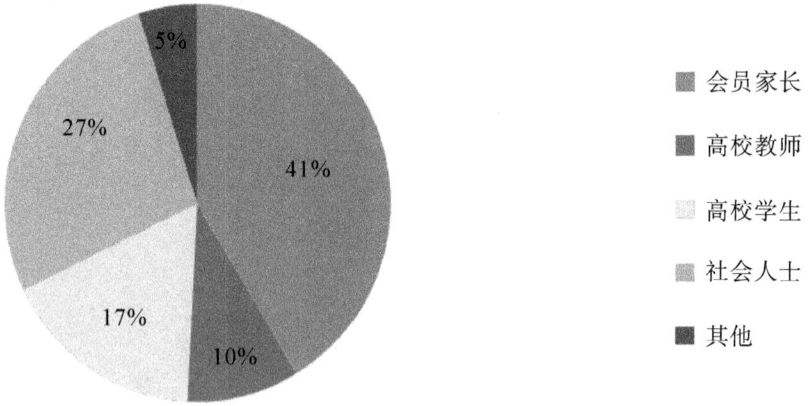

图11-10　青少年体育俱乐部志愿者来源情况统计表

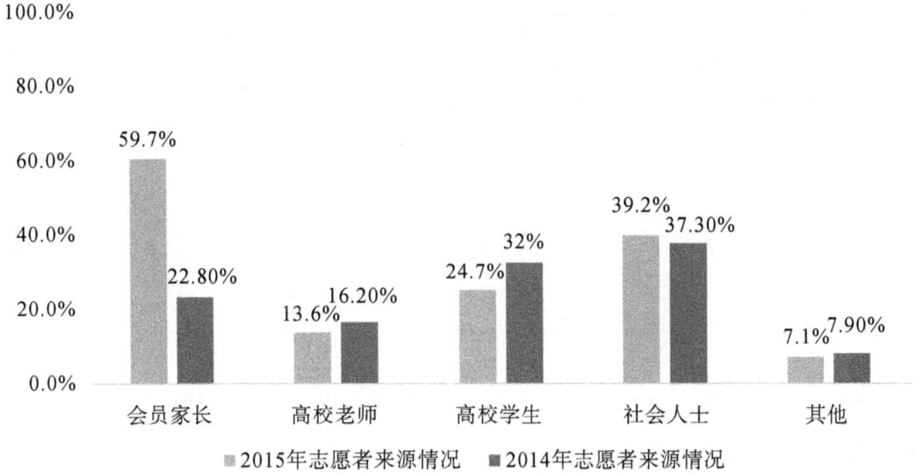

图11-11　青少年体育俱乐部志愿者来源情况对比

志愿者是自发到俱乐部提供帮助和贡献的工作人员，可以分为有组织和非组织的志愿服务，但无论哪种志愿者，具备相应的资格证书的有利于其开展志愿服务。调查结果显示，只有4.5%的俱乐部志愿者全部拥有资格证书。只有一部分志愿者取得证书的俱乐部比例最多，占总数的20.7%，其次是大部分志愿者取得证书的，占比为19.4%。志愿者没有任何证书的俱乐部占被调查俱乐部的12.5%。半成的俱乐部是部分志愿者拥有资格证书，剩下少半没有或者不清楚志愿者是否取得资格证书（表11-6）。以上表明，多数俱乐部对志愿者的管理并没有成熟的制度规范。资格证书对于保证志愿服务的质量至关重要，俱乐部应不断建立健全志愿服务机制，这是俱乐部在未来工作中需高度重视的一项工作。

表11-6　青少年体育俱乐部志愿者是否有相关资格证书统计表（n=551）

是否取得证书资格	俱乐部数量	占被调查俱乐部的比例（%）
所有	25	4.5
大部分	107	19.4
一部分	114	20.7

续表

是否取得证书资格	俱乐部数量	占被调查俱乐部的比例（%）
少部分	83	15.1
不清楚	46	8.4
没有	69	12.5
缺失	107	19.4
合计	551	100

在取得证书资格的志愿者中，以社会体育指导员为主，占到67%的比例，另外，健身指导员和健身教练共占到23%（图11-12）。由此可看出，青少年体育俱乐部中存在志愿者类型相对单一、数量不足等问题。这也是其他体育组织中，志愿者所面临的普遍问题。因此，管理者在未来的工作中可重视志愿者工作人员的培训、筛选等工作，使得志愿者可长期、高效、持续地为俱乐部服务。

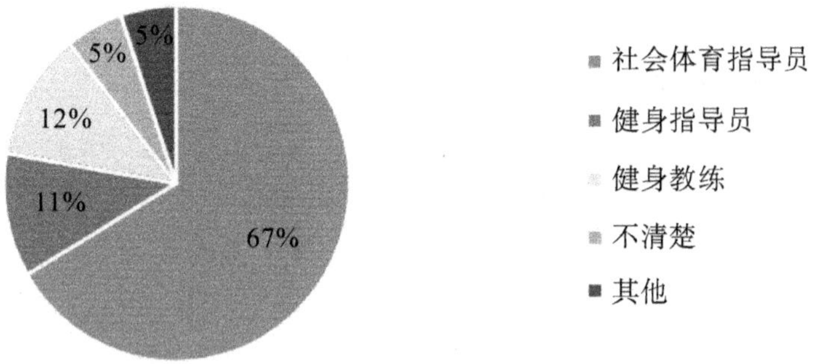

图11-12　青少年体育俱乐部志愿者取得证书资格类型统计

11.3 青少年体育俱乐部场地设施资源情况

11.3.1 青少年体育俱乐部场地设施整体满足需求情况

场地设施是青少年体育俱乐部运营的基本条件，是开展青少年体育活动的基本保障，也是俱乐部开展活动不可或缺的重要组成部分。由于青少年体育俱乐部对依托单位的依赖性，场地设施基本也主要在依托单位。调查结果显示，有26.9%的俱乐部场地可完全满足俱乐部需要，基本能够满足需求的占总数的60.1%，不能满足的占总数的12.5%，87%的俱乐部体育设施都能满足体育需求（表11-7）。总体而言，大多数俱乐部充分利用了依托单位丰富资源，但同时有少部分俱乐部不能满足俱乐部开展活动的需要，其原因可能是出现由于场地不够、开放时间冲突等问题会与依托单位使用场地发生冲突或矛盾等情况。

表11-7 青少年体育俱乐部场地设施能否满足需求的情况统计表（n=551）

满足情况	俱乐部数量	占被调查俱乐部的比例（%）
完全能够满足	148	26.9
基本能够满足	331	60.1
不能满足	69	12.5
不清楚	3	0.5
合计	551	100

近年来，场地设施能够完全满足需求的俱乐部都只占整体的一小部分，不到30%，另有近20%的俱乐部场地设施不能满足其日常需要（图11-13）。随着市场需求的增加，这将是俱乐部面临的重要问题之一，如何更好地利用和协调好依托单位的丰富资源，同时开发更多的社会资源已经成为俱乐部必须要重视的一项基本工作。

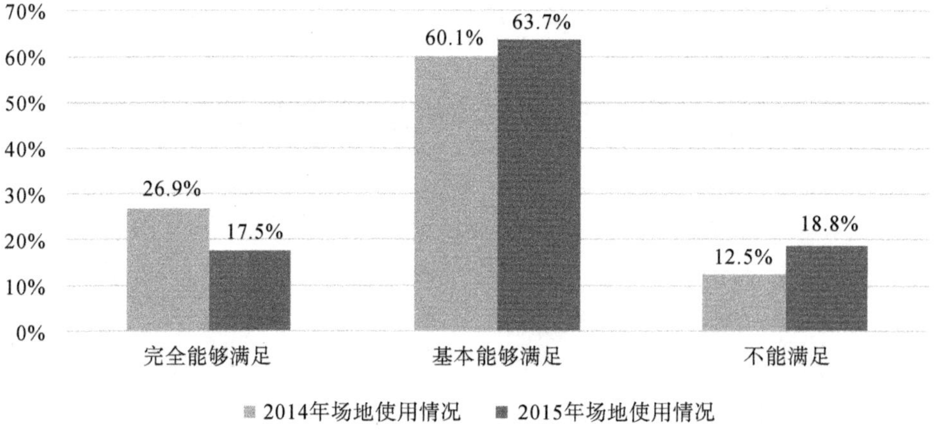

图11-13　青少年体育俱乐部年度场地设施满足情况对比

11.3.2　青少年体育俱乐部不同依托单位场地设施需求满足情况

不同依托单位的青少年体育健身俱乐部，其所拥有的资源有差异，场地设施的满足情况也不尽相同。调查结果显示，在场地设施能够完全满足情况的选择中，以体协为依托单位的俱乐部情况最好，50%的俱乐部其场地设施需求可以完全满足。以场馆、体校、学校和其他为依托单位的俱乐部完全满足需要的比例在30%左右，只有以社区为依托单位的俱乐部场地设施可以100%满足需求（图11-14）。

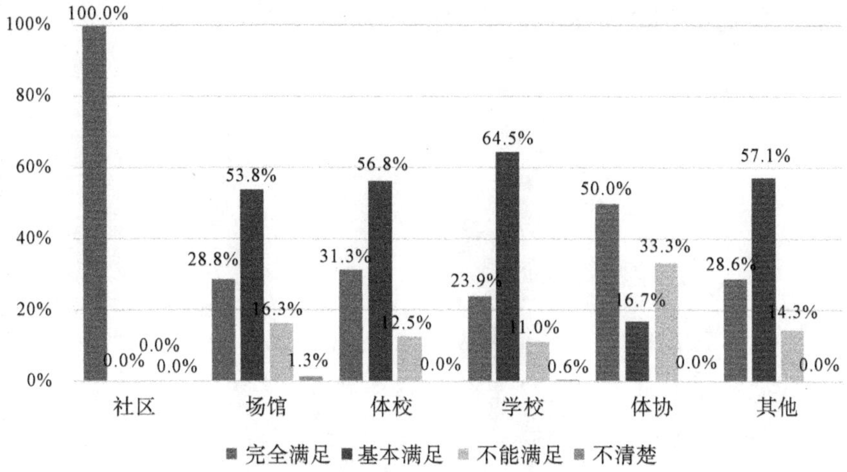

图11-14 青少年体育俱乐部不同依托单位场地设施满足情况

依托体协的俱乐部场地设施不能满足需要的比例最高（33.3%），以场馆、体校、学校和其他为依托单位的俱乐部场地设施不能满足需要的比例在15%左右。由此可以看出，由于依托单位资源的区别，使得不同依托单位的青少年体育俱乐部在场地设施资源上出现差别。总体上，大多俱乐部的场地设施能够做到基本满足需求，但时常有场地设施不够用的现象发生。从长远来看，随着体育产业的发展，人民生活水平的提高，青少年对体育锻炼热衷度的攀升，未来对俱乐部的要求也会随之增加，场地设施作为青少年体育俱乐部进行体育活动的基础条件，如不能满足实际需求，将成为影响俱乐部持续发展的一大桎梏。

11.3.3 青少年体育俱乐部不同类型场地设施需求满足情况

青少年体育俱乐部分为单项型和综合型两大类，对比这两类俱乐部的场地设施需求满足情况可以看出，综合型俱乐部在场地设施需求满足情况上比单项型俱乐部情况要略好些；不能满足的情况，综合型俱乐部比单项型俱乐部低2.3%；在基本满足情况上高10%，但在完全满足情况上低了7%（图11-15）。这是由于综合型俱乐部相对单项型俱乐部场地设施相对较多，相似的体育项目和活动可以交叉使用场地设施。因此，综合型俱乐部的场地设施使用相对灵活。单项型俱乐部需求相对单一，需求量也相对较低，比较容易完全满足需求。

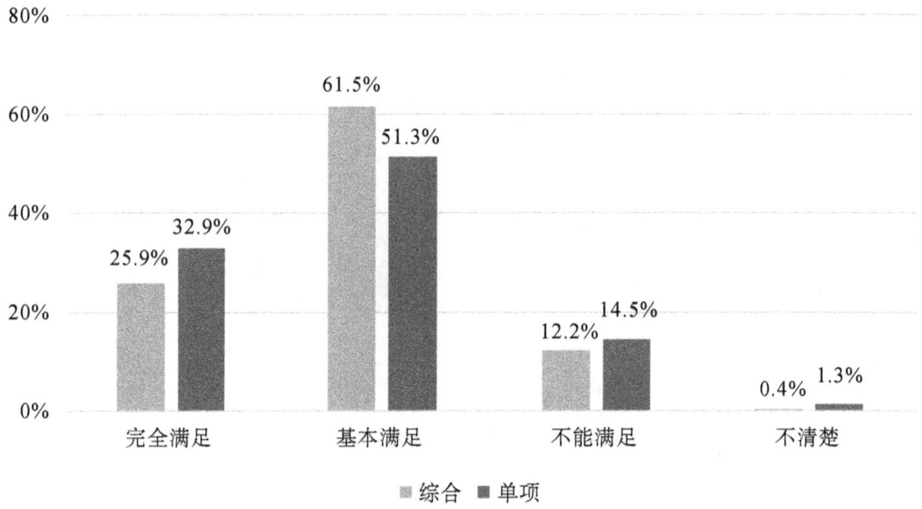

图11-15　不同类型青少年体育俱乐部场地设施满足情况

11.4　青少年体育俱乐部经费资源情况

青少年体育俱乐部经费资源是俱乐部创建和发展的重要资源，是支撑俱乐部正常经营和持续发展的资金保障。由于青少年体育俱乐部是非营利组织，其主要经费都是募集资金作为收入。因此，募集资金和减少成本是青少年体育俱乐部运营中不可缺少的重要工作。以下从俱乐部经费来源和扶持经费情况两方面来分析俱乐部最重要收入情况，从俱乐部资金使用情况和享受税收优惠情况两方面分析其成本情况。

11.4.1　青少年体育俱乐部经费来源情况

近年来，我国经济社会全面发展，体育产业的地位与作用日益提高，为体育公益赞助和俱乐部自主创收提供了坚实基础。调查结果显示，青少年俱乐部经费来源趋于多样，主要资金来源可以分为三大类：即以体育公益金、政府资助和依托单位补贴扶持为主的扶持类、以会员会费和经营创收为主的创收类以及以社会和企业捐赠为主的捐助类。扶持类经费是俱乐部最主要的经费来源，共占总经费来源的56.6%；第二类创收类经费共占总经费来源的28.5%；第三类捐助类经费共占总经费来源的12.9%，最后还有其他和不清楚占2.1%（图11-16）。

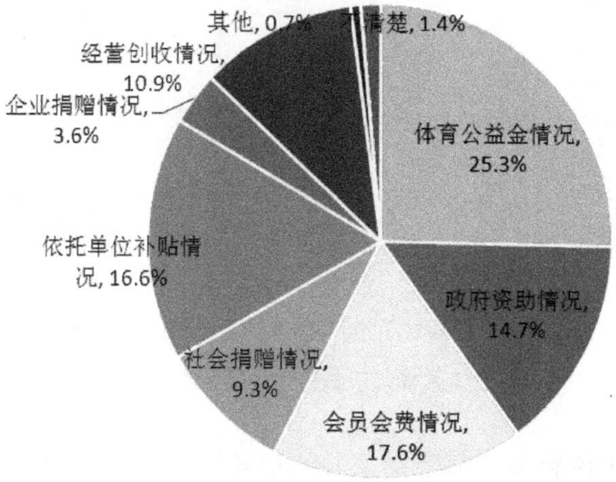

图11-16　青少年体育俱乐部经费来源统计图

通过与2014年调查结果对比可以看出，3大类经费来源中，占主要来源的依旧是扶持类来源，两年都占到50%以上。创收类资金来源比2015年有明显下滑，降低了一半的百分比（图11-17），其原因主要在于俱乐部的创收能力不足所致。青少年体育俱乐部作为非营利组织，并不以争取利润最大化为最终目标，相对于营利性俱乐部，青少年体育俱乐部在会员会费和其他收费项目产品和服务中大多数采取低收费。因此，俱乐部收入相对较低。最后值得一提的是捐赠类，虽然调查结果看到这一类资金来源所占比例相对仍然比较少，但2015年明显比去年高出2倍，达到近13%的比例，作为非营利性组织，接受捐赠也是很重要的资金来源渠道，显然大多俱乐部做得还远远不够，但可以看出情况在好转，并在以翻倍的速度进行转变，这是扶持经费结束后，俱乐部持续发展的重要保障。

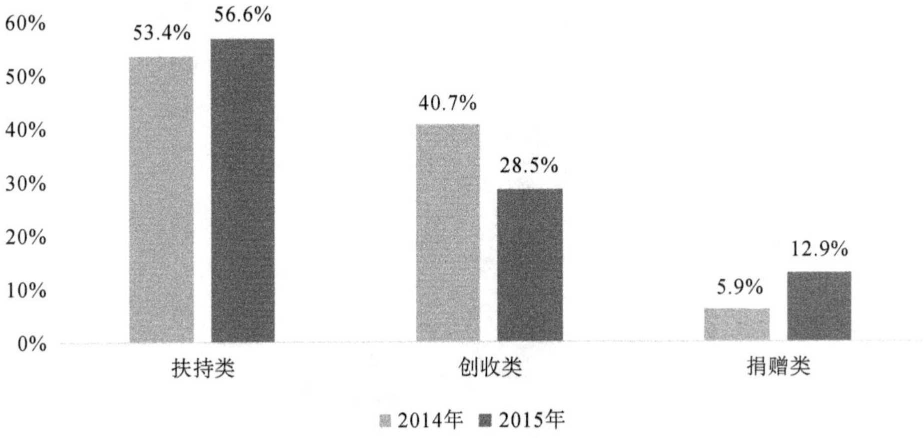

图11-17　青少年体育俱乐部资金来源分类对比

扶持经费是青少年体育俱乐部经费来源的重要组成部分，包括国家体育彩票公益金扶持经费、地方配套扶持经费和依托单位补贴，以下通过调查前两项经费来源来观察俱乐部整体扶持经费资金来源情况。调查结果可以看出，体育彩票公益金是青少年体育俱乐部经费的最主要来源之一，有39%的俱乐部除了体育彩票公益金外没有其他经费来源，只有61%的俱乐部还有其他经费来源（表11-8）。

表11-8　除体育彩票公益金扶持外青少年俱乐部是否有其他经费来源情况（n=551）

	俱乐部数量	占被调查俱乐部的比例
是	336	61%
否	215	39%
合计	551	100%

在这种情况下，体育彩票公益金及时到位与否对于仅依靠体育彩票公益金单一来源的俱乐部（39%）起着生死存亡的作用。调查结果显示，国家体育彩票公益金扶持经费能够及时到位和基本到位的俱乐部数量共占被调查总数67.3%，有拖欠现象的俱乐部占调查总数的2.7%，完全没有到位的比例为

10.2%（图11-18）。可以看出国家体育彩票公益金扶持经费作为青少年体育俱乐部最重要的资金来源，到位情况并不乐观，虽然过半数扶持经费能基本到位，但作为俱乐部最重要的维持日常运营的经费稍有拖欠就会给俱乐部带来无法挽回的严重影响。因此，为未来实现独立运营的目标，青少年体育俱乐部应开拓更广泛的经费来源。

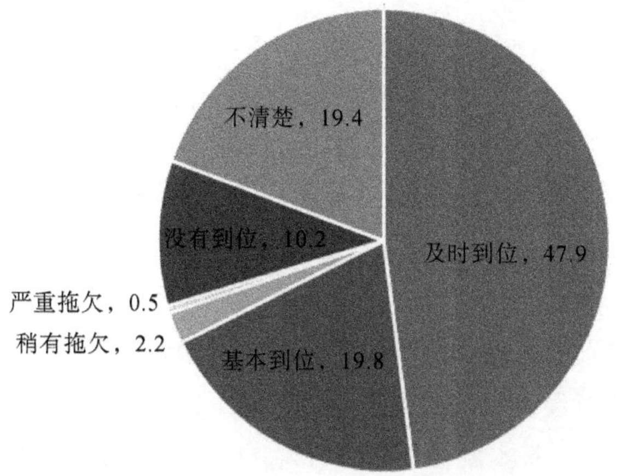

图11-18　青少年体育俱乐部国家体育彩票公益金扶持经费到位情况统计图

对比去年调查结果可以看出，国家体育彩票公益金扶持经费及时到位的比例明显增长，将近半数的俱乐部可以很及时地得到这笔重要扶持经费，严重拖欠现象明显减少，一下降低了14个百分点（图11-19）。作为俱乐部最重要的资金来源，到位情况稍有拖欠都很有可能威胁着俱乐部的正常运转，如果资金源经常出现严重拖欠和没到位的情况很可能造成俱乐部无法维持的严重后果。这两年的调查结果可以看出，国家在扶持青少年体育俱乐部经费到位情况上，比上一年度给予了更大的支持力度。克服行政程序复杂或政策影响等因素，尽量控制出现拨发不到位或不及时的情况，以保障俱乐部拥有最基本的资金来源渠道来维持正常运转。

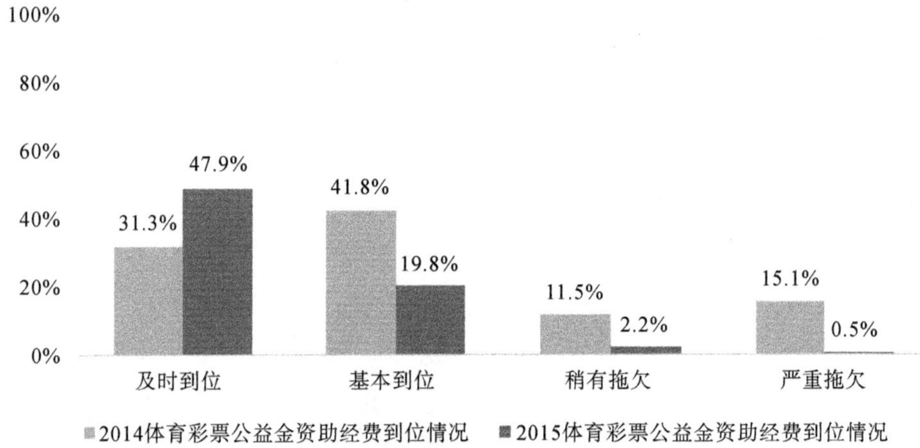

图11-19　青少年体育俱乐部国家体育彩票公益金扶持经费到位情况对比图

地方配套扶持经费到位情况和国家体育彩票公益金扶持经费到位情况基本相同。2015年地方配套扶持经费到位情况的调查结果显示，及时到位的俱乐部占被调查俱乐部总数的40.5%，基本到位的占26.1%，稍有拖欠的比例是2%，严重拖欠和没有到位的比例分别为0.4%和13.2%（图11-20）。也就是说66.6%的俱乐部得到的地方配套扶持经费基本到位，但是严重拖欠和完全没有到位的情况比体育彩票公益金到位情况要略严重，共占到13.6%的比例（图11-20）。扶持经费是大多数青少年体育俱乐部的主要资金来源，偶有出现的资金严重拖欠和完全不到位的情况对于俱乐部的日常经营和可持续发展有非常不利的影响，增加了那些过多依赖体育彩票公益金和政府支持的俱乐部正常可持续经营的风险。

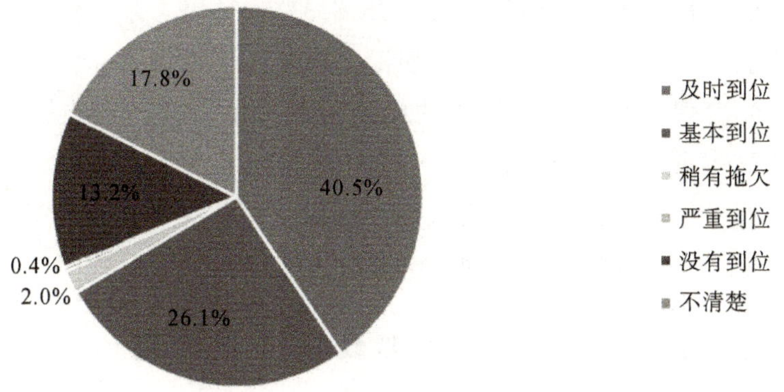

图11-20 青少年体育俱乐部地方配套扶持经费到位情况统计图

扶持经费对青少年体育俱乐部的重要性简而易见，为考察俱乐部对其依赖程度的变化，对比了这两年俱乐部对扶持期过后俱乐部是否能够持续发展态度。调查结果可以看出，认为扶持期过后能够独立发展的俱乐部明显今年比去年高出近两倍，认为没有扶持经费后不能维持生存的和不确定的明显减少，其中认为不能维持生存的减少了1/3多（图11-21）。

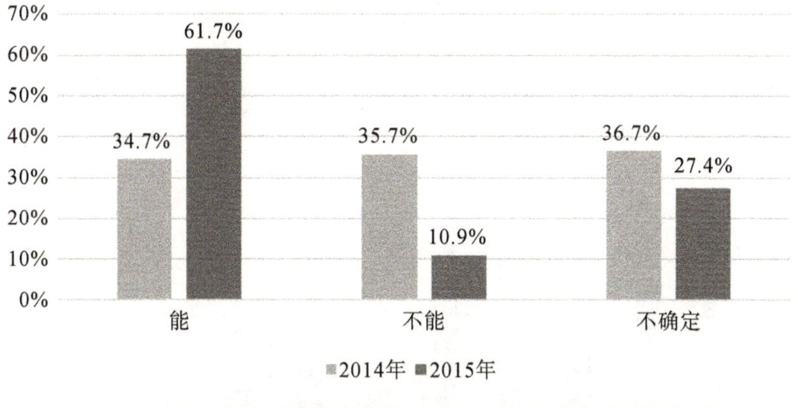

图11-21 青少年体育俱乐部对扶持期过后能否生存发展态度对比

综上，总体来看，俱乐部的经费来源呈现出多元化的特点，尽管对体育彩票公益金、政府资助和依托单位仍有很强的依赖性，但已有向其他更多渠道获取资金支持转变的迹象，尤其是向各方募集捐赠这一重要渠道，意味着俱乐部的自力更生能力稍有加强，但仍需继续开阔思路、改变管理方法、创新经营策略，积极寻求社会各界公益募捐来开创青少年体育俱乐部独立生存之路。

青少年体育俱乐部创建和发展的资金来源仍主要依赖于扶持类渠道，但2015年在捐赠类渠道上已有明显转折，对扶持类资金来源的依赖相较去年也有大幅降低。青少年体育俱乐部的资金来源结构正逐渐向非营利组织资金来源结构转变，为未来形成以集资为主的资金来源做铺垫。

11.4.2 青少年体育俱乐部经费使用情况

在有限的经费来源情况下，青少年体育俱乐部除应加大力度积极募资、融资外，还应该提高资源利用率，即利用有限的资源产出最大的社会效益。调查结果表明，青少年体育俱乐部资金基本使用在诸多方面，其中器材设备购置、开展项目或活动和人员工资和场地维修为最大成本，分别占到总投入的12.1%、12.2%、11.6%和10.6%。其次是能源、宣传、行政办公、员工培训和场地租赁占总比例的6%~8%，缴纳税费、差旅和接待在5%左右（图11-22）。与2014年相比，员工工资、员工培训、宣传、行政办公、差旅、场地租赁以及接待都有明显涨幅，其中宣传和场地租赁增加最多，这也说明俱乐部在独立经营中更加积极主动，以寻求更多的发展和合作（图11-23）。

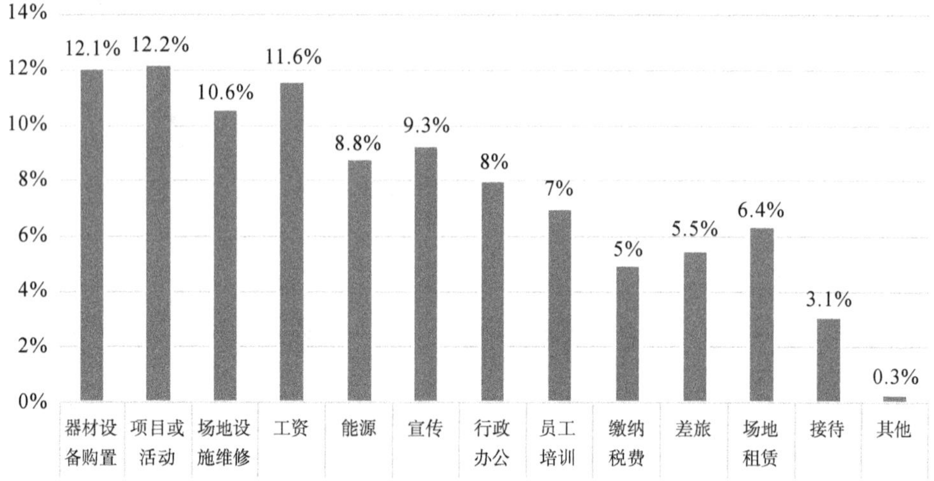

图11-22　2015年青少年体育健身俱乐部资金使用情况

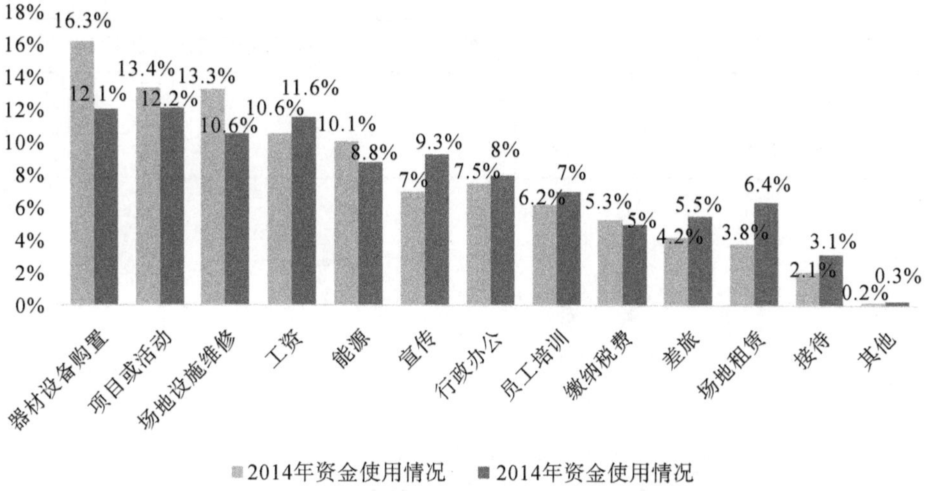

图11-23　青少年体育俱乐部资金使用情况对比

11.4.3　青少年体育俱乐部享受税收优惠情况

税收优惠待遇是有关部门为扶植青少年体育俱乐部发展而出台的重要政策。税收对于俱乐部经营是重要成本之一，根据调查结果，每年部分俱乐部有5%左右的资金用于缴纳税收。调查结果显示，享受税收项目优惠的俱乐部占被调查俱乐部总数的43.2%，没有享受税收项目优惠的俱乐部占总数的33.8%，有23%的被调查俱乐部表示不清楚是否享受了税收项目优惠（表11-9）。相比2014年，2015年享受税收优惠的俱乐部明显比2014年增多了近4倍（图11-24）。没有享受和不清楚情况的俱乐部明显下降，这说明国家和地方对青少年俱乐部的重视程度在逐年上升，更多的地方政府给予了税收政策上的支持。

表11-9　俱乐部享受税收项目优惠情况统计表（n=551）

	俱乐部数量	占被调查俱乐部的比例（%）
享受	238	43.2
没有	186	33.8

续表

	俱乐部数量	占被调查俱乐部的比例（%）
不清楚	127	23
合计	551	100

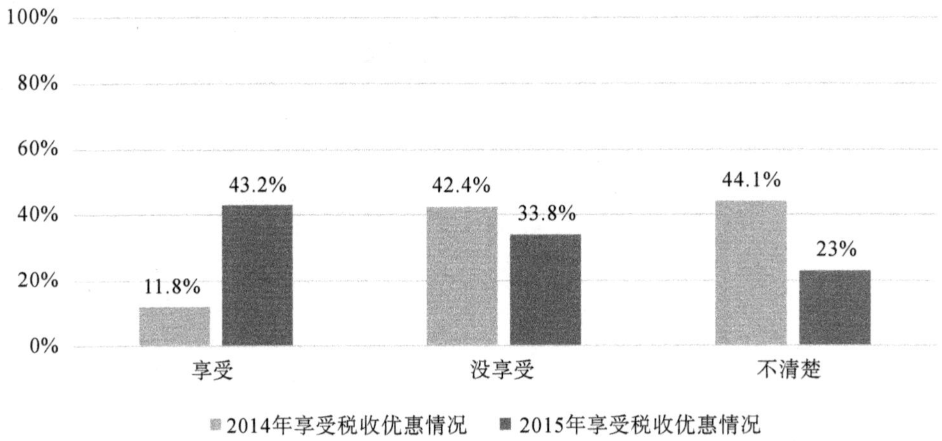

图11-24　青少年体育俱乐部享受税收优惠情况比较

（撰稿人：肖林鹏，张鹭）

12 俱乐部的组织管理

12.1 青少年体育俱乐部的机构设置情况

组织结构有静态和动态两层含义，静态含义是指组织的框架体系，通常称之为组织机构，它可以用组织结构图、职位说明书和组织手册等来体现；动态含义则是指组织各要素之间的关系，即组织的责、权、利分配关系，决定了组织内部的分工协作。组织机构是实现组织目标的基础。对于青少年体育俱乐部来说，合理的组织结构和管理机制是保障正常运行的基础。非营利组织承担的是社会责任和公益使命，其社会公信力首先来源于组织内部治理结构清晰，董事会、高级管理层、监事会相互独立与制衡，决策、执行和监管部门分开等。根据俱乐部依托单位的不同，可能会有不同的组织结构类型，如海南省某大学青少年体育俱乐部组织结构（图12-1）和北京市朝阳区某中学青少年体育俱乐部组织结构（图12-2）。

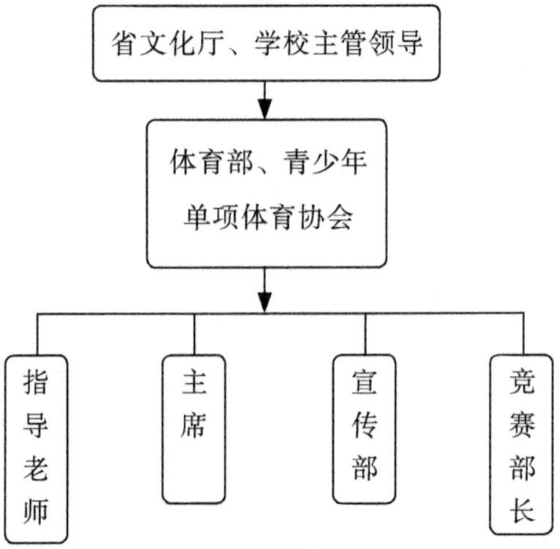

图12-1　海南省某大学青少年体育俱乐部组织结构

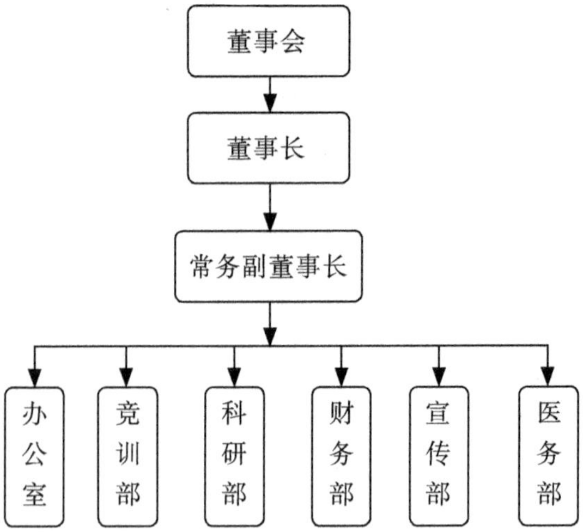

图12-2　北京市朝阳区某中学青少年体育俱乐部组织结构

由上两个组织结构例子可以看出，青少年体育俱乐部的组织结构是根据其具体情况，不同依托单位而产生的，但无论其形式如何，都是为方便管理者实现组织目标进行管理而存在的。

表12-1 青少年体育俱乐部是否设有常务机构（n=551）

是否有常设机构	俱乐部数量	占被调查俱乐部的比例（%）
是	522	94.7
否	29	5.3
合计	551	100

常务机构是俱乐部处理日常事务的管理部门，是维持俱乐部正常运行的必要机构。调查结果显示，94.7%的俱乐部设有常设机构，占被调查俱乐部总数的绝大部分，只有少部分（5.3%）的俱乐部没有常设机构（表12-1）。与2014年对比（图12-3），设置常务机构的比例有很大提高，增长了近10%。

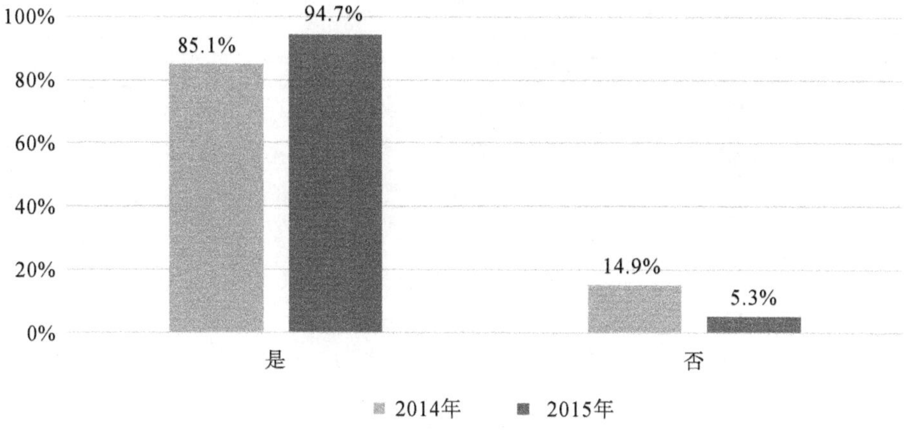

图12-3 青少年体育俱乐部设置常务机构对比

青少年体育俱乐部的内设机构数量在不同俱乐部间存在较大的差异，有的内设机构类型普遍设置，有的内设机构则只有少数俱乐部设置。部门的划分是根据各个岗位所从事的业务内容的性质和职务的相互关系，按照一定原则，将各个职务组合成为“部门”。也就是说部门的设置是与其工作职责相关的，管理者只有设置好部门才能对工作人员更加明确地实施管理行为，工作人员也能清晰明白地知道自己的工作职责和边界。在青少年体育健身俱乐部的内部机构设置中，可以反映出管理者对其相关业务重视程度。调查数据显示，办公室

（95.8%）、培训部（72.9%）和财务部（84.8%）三个部门设置比例最高，是大多俱乐部必设部门（表12-2）。训练部（55.6%）和教练部（50.6%）也超过了半数以上的俱乐部设计为单独的部门。市场部（17.9%）和外联部（13.3%）比例较低，从部门设置原则的角度说，没有相关部门设置即没有工作人员负责相关工作内容，这从一定程度上反映出俱乐部对市场开发和对外交流的轻视，大多俱乐部并没有意识到主动进行市场挖掘和与外界交流对俱乐部的重要意义。这与会员部（28.3%）和招生部（23.9%）同样处于较低比例的现象相一致，对于俱乐部来说，会员或者学生都是消费主体，没有好的市场开发或者对外联络，仅仅依靠政策促进或者规定要求，极易使得俱乐部运营处于被动状态。

表12-2　青少年体育俱乐部内设机构情况表（n=551）

序号	设立部门	设立该部门的俱乐部数量	占被调查俱乐部的比例（%）
1	办公室	524	95.8%
2	培训部	399	72.9%
3	财务部	464	84.8%
4	场地部	226	41.3%
5	市场部	98	17.9%
6	医务部	116	21.2%
7	教练部	277	50.6%
8	竞赛部	229	41.9%
9	训练部	304	55.6%
10	外联部	73	13.3%
11	宣传部	223	40.8%
12	后勤部	222	40.6%
13	会员部	155	28.3%
14	招生部	131	23.9%
15	其他部门	0	0

由以上调查结果可以看出，当前俱乐部内部机构设置仍有很大不足，但与2014年相比较可以看到明显的进步。2015年更多的俱乐部设置了办公室、培训部、财务部三大必设部门，涨幅都在10%左右。在较低比例的市场部、外联部、会员部、招生部上，2015年比2014年都有明显增长，其中外联部增长2倍之多，这表明越来越多的俱乐部管理者开始意识到这一问题的重要性。随着未来扶持经费的减少和取消，俱乐部会越来越重视这一问题，组织内部机构将会不断追求完善（图12-4）。

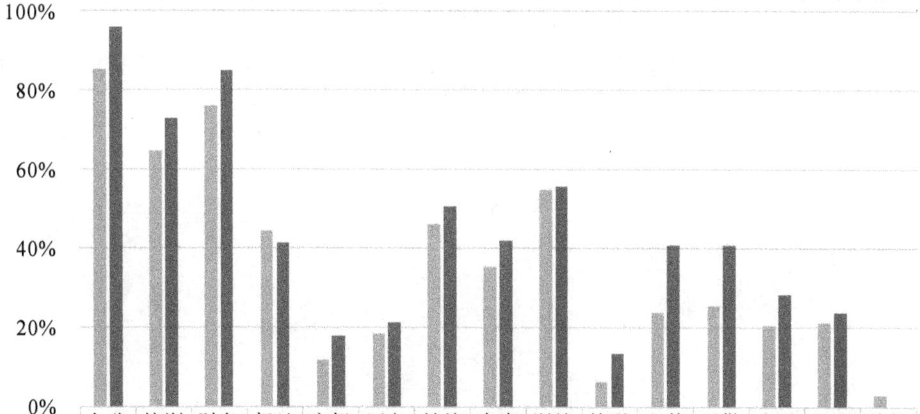

	办公室	培训部	财务部	场地部	市场部	医务部	教练部	竞赛部	训练部	外联部	宣传部	后勤部	会员部	招生部	其他
2014年	85.1%	64.7%	75.9%	44.2%	11.6%	18.5%	45.9%	35.3%	54.8%	6.3%	23.8%	25.4%	20.5%	21.1%	3.0%
2015年	95.8%	72.9%	84.8%	41.3%	17.9%	21.2%	50.6%	41.9%	55.6%	13.3%	40.8%	40.6%	28.3%	23.9%	0.0%

■ 2014年　■ 2015年

图12-4　青少年体育俱乐部内设机构情况对比

12.2　青少年体育俱乐部的规章制度情况

组织规章制度是为实现组织目标而设定的规范，是以文字的方式描述日常工作中的工作内容、程序和方法，包括组织管理中各种管理条例、章程、制度、标准、办法、守则等，也可称为组织内部的“法律”。非营利组织内部的规章制度不仅用规章制度来规范被管理者，更是管理者确保组织非营利属性不变质的重要手段。全面、有效的制度应是一套涉及俱乐部管理各个方面的制度体系。调查数据显示，建立最基本的综合性管理制度俱乐部的比例从2014年91.1%增加到99.3%，其他具体的管理制度仍处于不够完善的状态，只有半数左右的俱乐部建立了岗位责任制度（67.8%）、会员制度（64.5%）、财务制度（69.9%）及活动办法（54.0%），组织制度、开放制度和考核制度仅仅45%左右的俱乐部建立（表12-3）。这一结果与上一年度相比，除了在开放制度的建立上今年明显比去年降低了14%，其他制度的建立比例基本没有大幅变化（图12-5）。

表12-3　青少年体育俱乐部规章制度情况（n=551）

序号	俱乐部规章制度	俱乐部数量	占被调查俱乐部的比例
1	综合性管理制度（章程、办法、规定等）	537	99.3%
2	岗位责任制度	367	67.8%
3	会员制度	349	64.5%
4	组织制度	245	45.3%
5	开放制度	237	43.8%
6	账务制度	378	69.9%
7	活动办法	292	54.0%
8	考核制度	244	45.1%
9	其他	13	2.4%

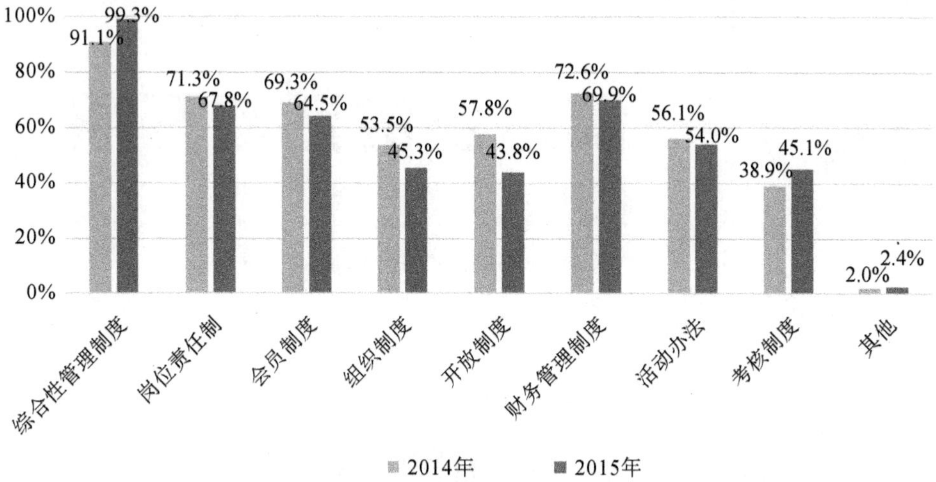

图12-5 青少年体育俱乐部内部规章制度对比

（撰写人：肖林鹏，张鹭，王梦阳）

13 俱乐部的活动开展

13.1 青少年体育俱乐部开展体育活动项目情况

青少年体育俱乐部作为体育类社会服务机构，具有向社会提供体育产品的属性。Shank和Lyberger（2014）将体育产品定义为商品和服务，或者其他任何为体育观众、参与者和投资者提供利益的商品和服务。其中，商品被定义为有形的物质产品，如器械、装备、鞋等。服务则被定义为无形的非物质产品，如体育比赛、培训、咨询等。与其他营利性俱乐部相同，青少年体育俱乐部提供的产品具有提供有形和无形服务产品的能力，并且由于其社会服务的属性，更应该为青少年提供更全面、更专业的体育产品。可见，提供体育产品的种类，体育服务质量、服务专业性是衡量俱乐部成效的重要标准。

13.1.1 青少年体育俱乐部开展活动项目数量情况

青少年体育俱乐部项目开展受场地、设施、资金、人力、政策等多种因素影响。调查结果显示，开展单项的青少年体育俱乐部占较少比例为8.5%，开展项目比例较大的是6~10项（46.3%），开展2~5项和10项以上的俱乐部占总数的32.1%和13.1%（表13-1）。对比2014年俱乐部开展项目数量比例，变化比较大的是2~5项降低了一半，同时6~10项的比例增长了一倍，开展单项和10项以上的俱乐部比例也有一定增长。对比可以看出越来越多的俱乐部充分利用场地和人员等资源，在原基础上开展更多运动项目（图13-1）。

表13-1 青少年体育俱乐部开展体育活动项目的数量（n=551）

项数	俱乐部数量	占被调查俱乐部的比例（%）
1项	47	8.5
2~5项	177	32.1
6~10项	255	46.3
10项以上	72	13.1
合计	551	100

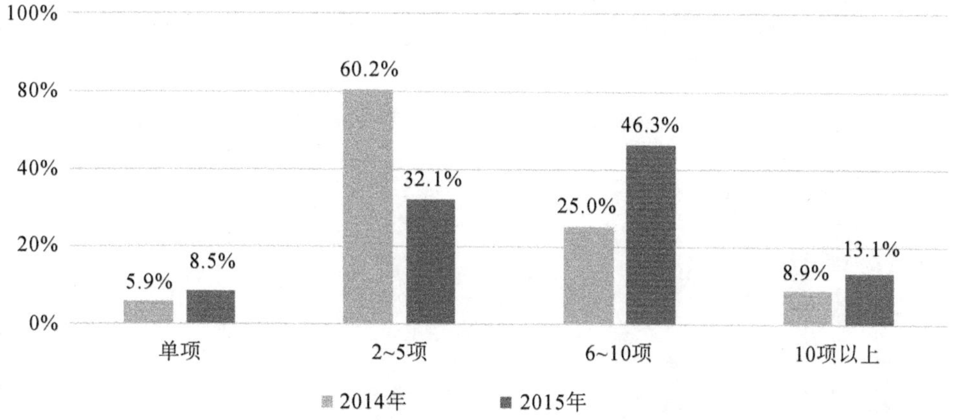

图13-1 青少年体育俱乐部开展项目情况对比

无论是综合类还是单项俱乐部，都要始终重视提供产品和服务的专业性和消费者或利益相关者的满意度。一般而言，单项俱乐部更能体现其所开展项目的专业性相比综合性俱乐部，消费者更愿意选择专业性和系统性更强的单项俱乐部。调查结果显示，在32家单项青少年体育俱乐部中，开展运动项目占比例最高的是游泳（25.0%），其次是足球（12.5%）和乒乓球（15.6%），在15.6%的其他选择中以跆拳道项目开展得最多。其次是田径（6.3%）、篮球（6.3%）和羽毛球（9.4%），选择较少的是网球、棋牌和轮滑，比例都为3.1%（图13-2）。

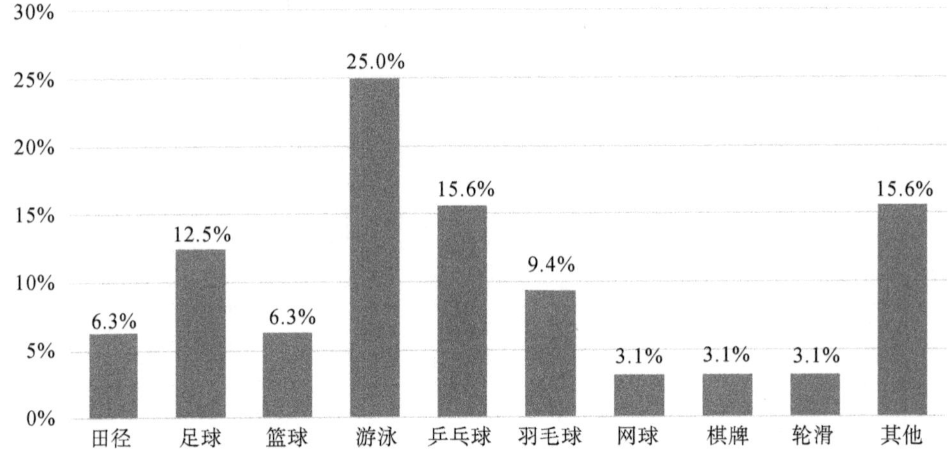

图13-2 单项类青少年体育俱乐部开展项目情况

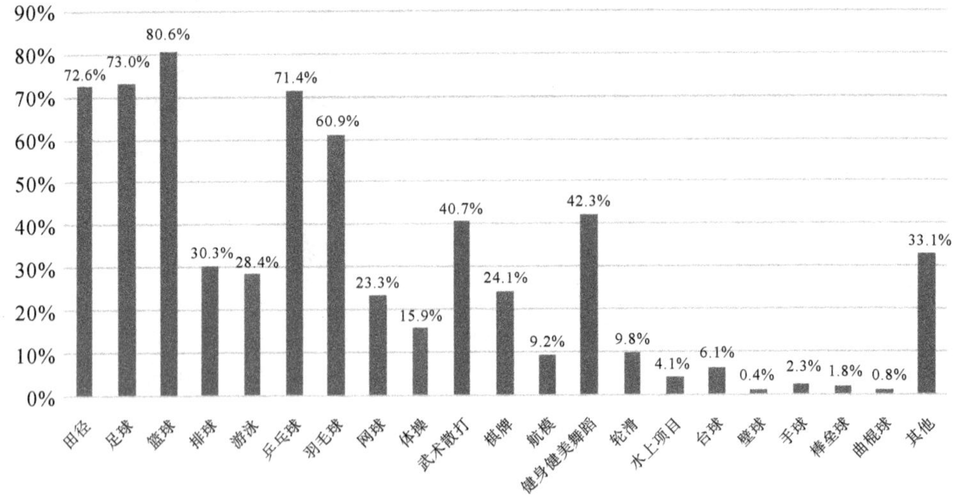

图13-3 综合类青少年体育俱乐部开展项目类型

在场地、资金等各项资源允许的情况下，开展多种项目可以极大丰富青少年选择的空间。调查结果显示，俱乐部开展的活动类型丰富多样，数量多达20多种，其中田径、足球、篮球、乒乓球、羽毛球等的比例较大，都超过了

65%的比例（图13-3）。其次，健身健美舞蹈和武术散打也接近半数，分别为45.8%和43.9%的比例（图13-3）。10%以上比例的项目有排球、游泳、网球、体操、棋牌、航模和轮滑等（图13-3）。开展相对较少的项目是水上项目、台球、壁球、手球、棒垒球和曲棍球。这些项目在国内认知度相对较低，且场地无法与其他项目共用，加大了俱乐部开展该项目的难度（图13-3）。对比2014年调查结果，所有的项目在2015年都有不同程度的提高，其中在国家对足球的高度重视下，各俱乐部开展足球培训的比例大幅增加。近年来随着市场上对跆拳道的宣传和推广，不仅成年人对跆拳道的兴趣浓厚，越来越多的家长将跆拳道作为孩子们强身健体和防卫的运动选择，在其他种类中，跆拳道项目占了大多数比例（图13-4）。

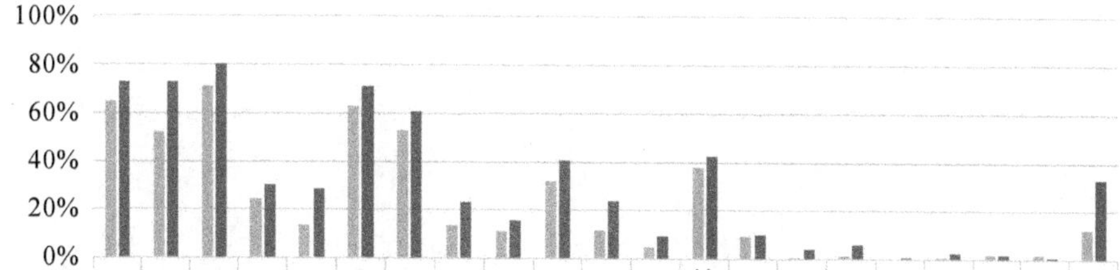

	田径	足球	篮球	排球	游泳	乒乓球	羽毛球	网球	体操	武术散打	棋牌	航模	健身健美舞蹈	轮滑	水上项目	台球	壁球	手球	棒垒球	曲棍球	其他
2014年	64.8	52.2	71.2	24.5	13.5	62.8	52.4	13.3	11.2	32.0	11.5	4.6	37.8	9.2	0.6	1.4	0	0.3	2.0	1.7	12.1
2015年	72.6	73.0	80.6	30.3	28.4	71.4	60.9	23.3	15.9	40.7	24.1	9.2	42.3	9.8	4.1	6.1	0.4	2.3	1.8	0.8	33.1

■2014年 ■2015年

图13-4 综合类青少年体育俱乐部开展项目类型对比

13.1.2 青少年体育俱乐部开展活动项目形式情况

调查结果表明，青少年体育俱乐部开展项目多种多样，开展活动形式越来越丰富。表13-2列举了俱乐部主要的9类活动形式，其中开展最多的3类活动形式是：为提高青少年的运动技能而开设的短、长期技能培训是各俱乐部开展活动的主要形式（77.4%）；二是举办各类体育比赛活动（67.1%），这类培训既可扩大俱乐部在社会上的影响，又能提高会员参与运动项目的积极性，吸引更多的青少年加入到体育锻炼中来；三是开展夏、冬令营活动（53.1%）。一般而言，家长都希望孩子能够充分利用寒暑假，更愿意选择安全可靠的组织进行体育锻炼。俱乐部应该意识到这种需求的变化，为主动迎合市场需求，俱乐部要大力开展夏（冬）令营活动。

表13-2　青少年体育俱乐部开展活动形式统计表

序号	开展活动形式	俱乐部数量	占被调查俱乐部的比例
1	技能培训	353	77.4%
2	比赛交流	306	67.1%
3	开展夏（冬）令营	242	53.1%
4	社会宣传	149	32.7%
5	公益演出	73	16.0%
6	指导与咨询	170	37.3%
7	商业表演	17	3.7%
8	开展科技、艺术教育和文化活动	121	26.5%
9	日常活动	197	43.2%
10	其他	20	4.4%

对比2014年调查结果，2015年俱乐部开展活动的形式更趋于均衡。虽然大多还是在技能培训和比赛交流上，但是活动形式更趋于多样化（图13-5）。

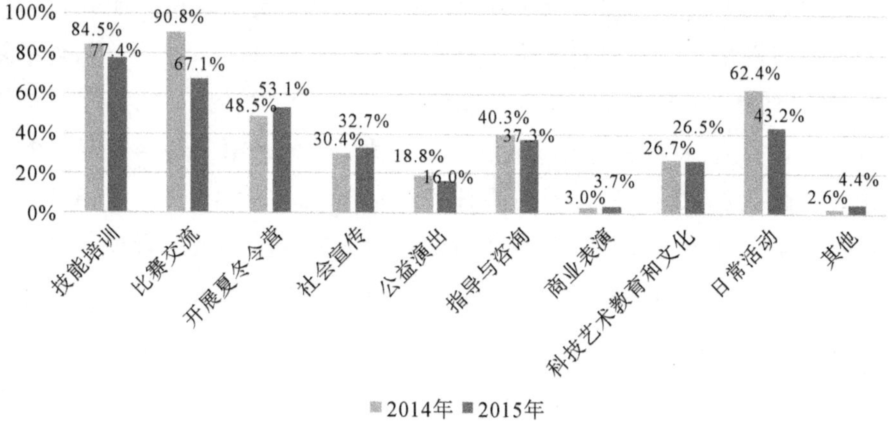

图13-5　青少年体育俱乐部开展活动形式对比

13.2　青少年体育俱乐部发展会员情况

13.2.1　青少年体育俱乐部发展会员数量

发展会员是青少年体育俱乐部的重要工作，会员是青少年体育俱乐部参加组织活动的个人或者团体，可以是俱乐部的服务对象，也可以是为俱乐部提供各方面支持的个人或组织。

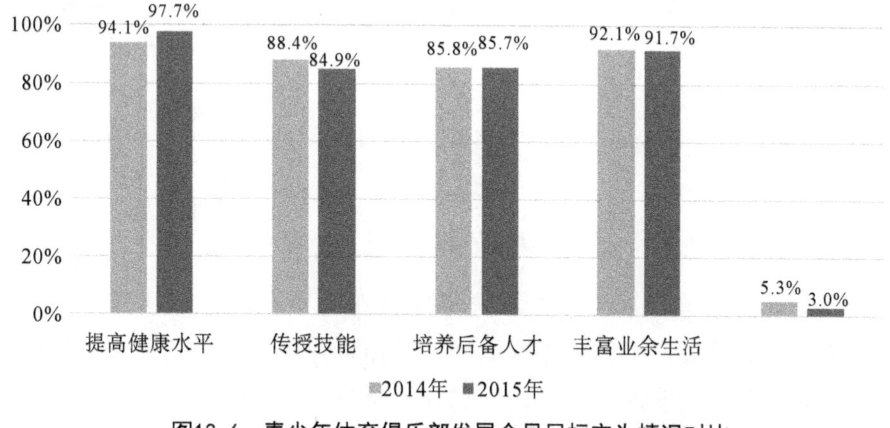

图13-6　青少年体育俱乐部发展会员目标定为情况对比

无论是哪一种会员，俱乐部要明确组织对目标会员的定位。明确目标会员的定位能够帮助俱乐部发现挖掘潜在会员，更好地发展会员数量。调查结果显示，97.7%的俱乐部将提高青少年体质健康水平作为发展会员的目标，排在首位；其次是丰富青少年业余文化生活，占比为91.7%；第三是培养竞技体育后备人次，比例为85.7%；最后是传授体育运动技能，占84.9%（图13-6）。青少年体育俱乐部是为实现增强青少年对体育运动的兴趣、吸引青少年进行体育活动、提高青少年体质为最终目标的非营利组织。调查结果表明，俱乐部定位基本准确。对比2014年，2015年俱乐部更注重提高青少年身体素质，但对提高运动技能的目标有所下降（图13-6）。调查结果显示，近3年被调查俱乐部的个人会员和团体会员总数整体呈增长趋势，个人会员比团体会员涨幅要高（图13-7）。

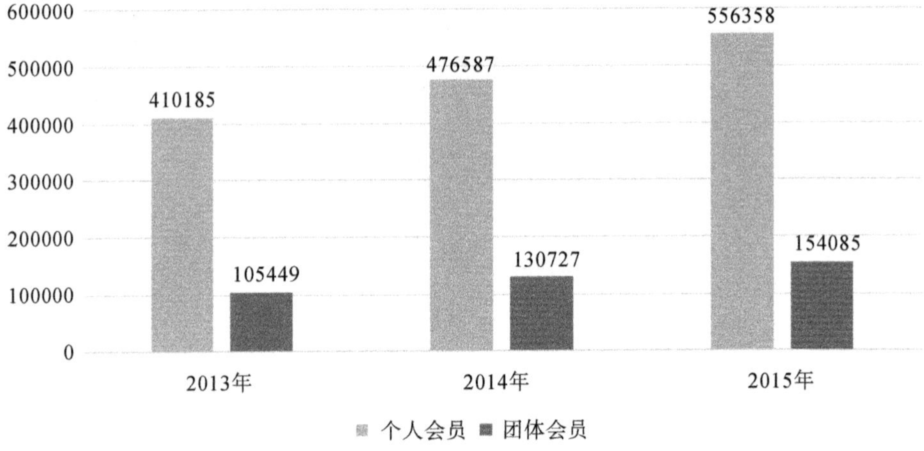

图13-7　青少年体育俱乐部发展会员总量情况

13.2.2　青少年体育俱乐部发展会员来源情况

青少年体育俱乐部是为广大青少年提供参与体育锻炼活动的体育社会组织，主要目的是通过组织各种体育活动，增强青少年对体育的兴趣，促使青少年养成终身体育的习惯促进，最终实现青少年身心健康，体魄强健。因此，俱乐部的服务对象不应该仅仅是依托单位内或者本校内的在校生，应该是包括周边地区的所有青少年。调查结果发现，有22.1%的俱乐部只负责发展本校青少年学生，而把校外青少年拒之门外。这种现象的产生主要原因就是俱乐部对组织定位不准确，俱乐部本应是面向广大青少年，是青少年接受校内体育教育之外，自愿主动地参加课外体育锻炼的场所，而俱乐部不应该把服务对象仅仅限制在本校内（表13-3）。对比2014年情况还是有所好转，发展校外其他人群的俱乐部比例提高了9.3%，也就是说更多的俱乐部意识到应该扩展服务对象，不能仅局限在本校内（图13-8）。

表13-3 青少年体育俱乐部除本校青少年学生外是否发展其他人群统计表（n=551）

	俱乐部数量	占被调查俱乐部的比例
是	429	77.9%
否	122	22.1%

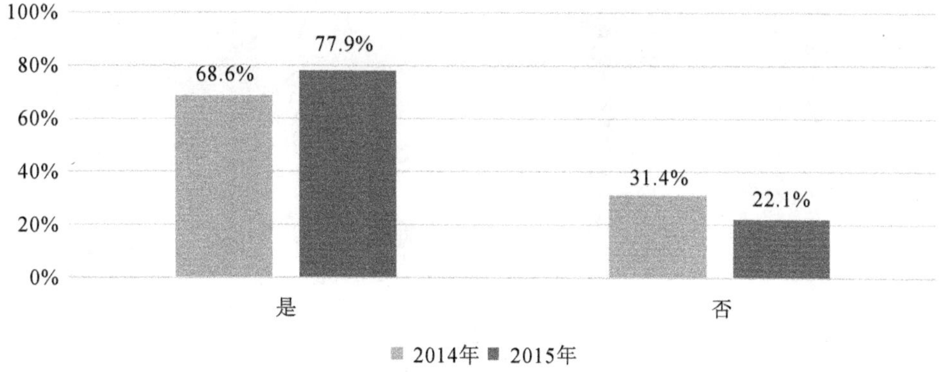

图13-8 青少年体育俱乐部发展校外会员情况对比

表13-4 青少年体育俱乐部会员参加俱乐部活动的时间统计表

会员参加俱乐部活动的时间	俱乐部数量	占被调查俱乐部的比例
课余	484	95.1%
节假日	396	77.8%

续表

会员参加俱乐部活动的时间	俱乐部数量	占被调查俱乐部的比例
上课期间	68	13.4%
周末	402	79.0%
其他	28	5.5%

青少年体育俱乐部面对的服务对象是广大青少年，其参与俱乐部的活动时间相对固定。调查结果显示，会员参与俱乐部活动95.1%以上都在课余时间，其次是周末和节假日时间分别占79%和77.8%。上课时间占13.4%（表13-4）。对比2014年调查结果，2015年在所有时间段上参与俱乐部活动的比例都有不同程度的提高，其中课余时间提高了9%（13-9）。

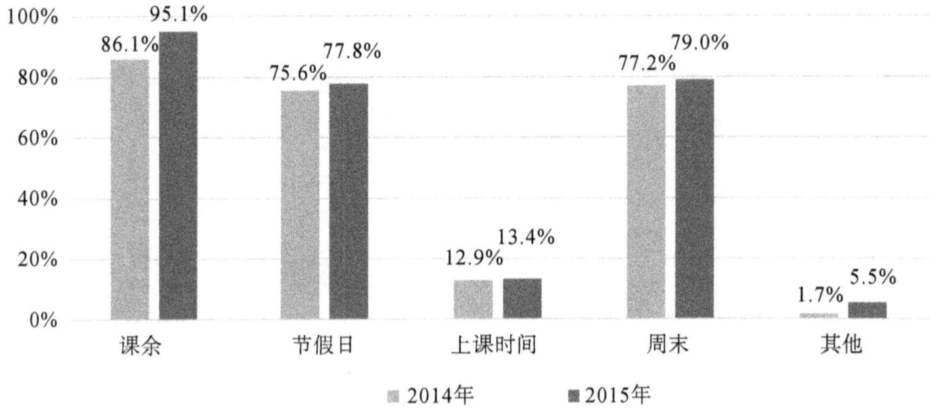

图13-9 青少年体育俱乐部会员参加时间情况对比

（撰写人：肖林鹏，张鹭，王梦阳）

14 俱乐部的发展能力

青少年体育俱乐部的发展能力是服务供给能力的重要指标，同时关系到俱乐部扶持期后自我生存的重要能力。俱乐部发展能力可以通过俱乐部的盈亏状况、创收形式、集资和募捐状况、宣传交流情况等来考察。

14.1 青少年体育俱乐部运营情况

非营利组织不以利润最大化为组织目标，但保持必要的财务收益确是组织发展的重要途径。可见，俱乐部的运营盈亏是俱乐部的自我生存能力的重要体现之一。调查结果显示，2015年有盈余的俱乐部占被调查俱乐部总数的23.4%，一半的俱乐部是盈亏持平的状态，亏空的俱乐部占总数的26.5%（表14-1）。

表14-1 青少年体育俱乐部盈亏情况（n=551）

盈亏情况	俱乐部数量	占被调查俱乐部的比例
盈余	129	23.4%
持平	276	50.1%
亏空	146	26.5%
合计	551	100%

青少年体育俱乐部盈亏情况与2014年相比能够盈余的俱乐部比例增长了一倍，亏空的俱乐部减少了将近10%，持平的俱乐部比例基本仍保持在半数左右（图14-1）。

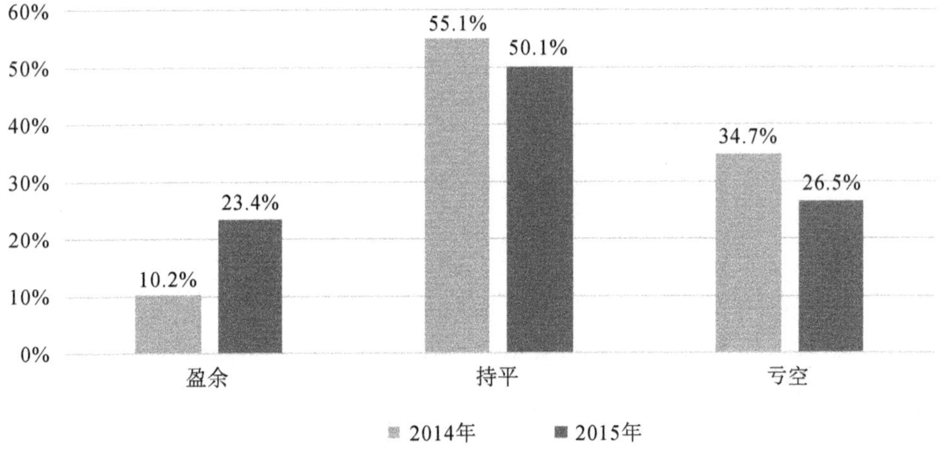

14-1　青少年体育俱乐部盈亏情况对比

以上结果说明，近年来年青少年体育俱乐部的盈亏情况有所改善，自我经营能力有了明显提升。但是有盈余俱乐部的比例仍然比较低，而且总体上亏空俱乐部比例仍远远高于盈余俱乐部比例。对大多数俱乐部而言，如何通过合理合法手段，获取更多的经费支持对俱乐部的持续健康发展至关重要。

14.2　青少年体育俱乐部的接受捐赠和资助情况

青少年体育俱乐部接受的捐赠主要分为资金和物品两种类型。首先在接受资金方面，调查结果表明，接受各种资金额度捐赠和资助的俱乐部占被调查总数的比例依资金额度的上升而下降，比例超过半数的资金额度为1万元以下，占比是65%，20万元以上的比例仅为4.5%。中间额度较多的是1（含）~5万元，占总数的17.2%，5（含）~10万元的资金额度占总数的8.2%，10（含）~20万元的占比为5.1%（表14-2）。这一结果与2014年相比基本相同，只有在20万以上额度的比例上增长相对幅度较大，增加了2倍（图14-2）。

表14-2 青少年体育俱乐部于2015年全年接受过捐赠和资助的资金情况（除创建青少年体育俱乐部的体育彩票公益金外） n=551

接受捐赠和资助资金额度	俱乐部数量	占被调查俱乐部的比例
1万元以下	358	65%
1（含）~5万元	95	17.2%
5（含）~10万元	45	8.2%
10（含）~20万元	28	5.1%
20万元以上	25	4.5%

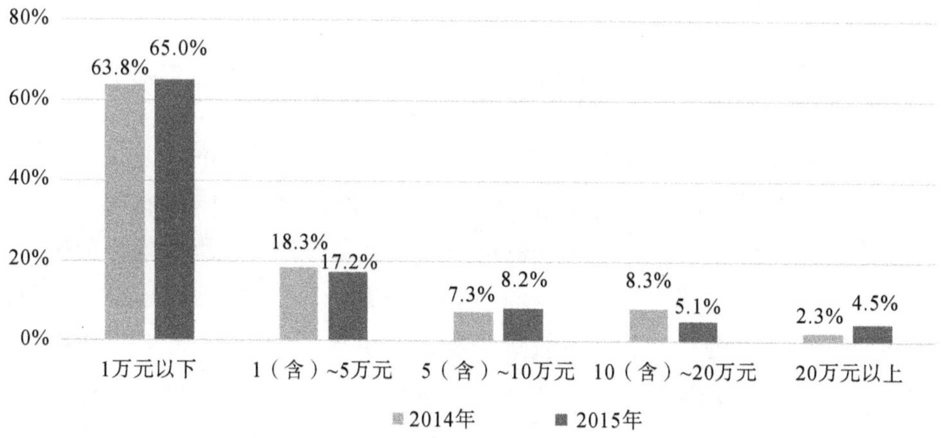

图14-2 青少年体育俱乐部接受捐赠和资助的资金情况对比

对于青少年体育俱乐部来说，作为非营利组织，接受捐赠和资助资金应该是最主要的资金来源，两年的对比可以看到俱乐部接受资金捐赠和资助的金额仍很低，大多数俱乐部都在1万元以下的金额，只有很少部分的俱乐部能够达到20万元以上的金额。对比分析表明，亏损的俱乐部在1万元以下额度的比例超出盈余和持平的俱乐部10%~16%，而在20万元以上额度的俱乐部比例低了2~3倍。其他金额的比例上，亏损的俱乐部也都在盈余和持平俱乐部比例之下（图14-3）。

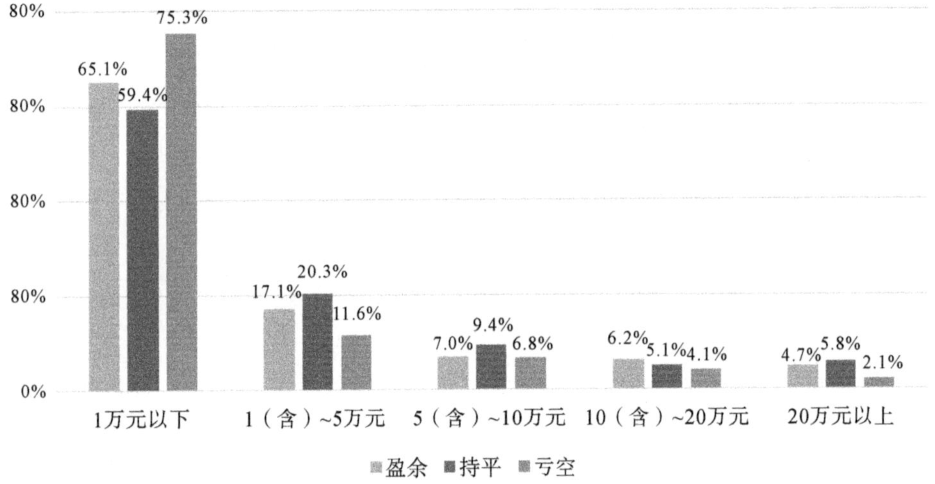

图14-3　2015年青少年体育俱乐部盈亏情况与接受捐赠和资助资金情况对比

俱乐部接受捐赠和资助资金的多寡，对其经营发展起着积极的作用，捐赠和资助资金的数量越多，机会越大，俱乐部能够获得更高收益的可能性更大。

接受物品捐赠和资助是俱乐部接受捐赠和资助的另一表现形式，与接受资金情况类似，调查结果并不乐观。从表14-3中看到，41.2%的俱乐部，从创建至今从来没有接受过任何捐赠和资助的物品。半数（50.7%）的俱乐部接受的是体育器材，其次是体育服装，占比为22.4%；其他与开展体育活动有关的物品排第三占比为18.4%；办公用品占比最小为13.4%。俱乐部接受捐赠或资助的物品主要与体育活动相关，对于日常办公和经营相关的物品较少。

表14-3　青少年体育俱乐部从创建至今接受过捐赠和资助的物品情况
（不包括冲抵创建青少年体育俱乐部的体育彩票公益金的物品）n=551

接受捐赠或资助物品情况	俱乐部数量	占接受或资助物品俱乐部的比例
体育器材	276	50.7%
体育服装	122	22.4%
办公用品	73	13.4%
其他与开展体育活动有关的物品	100	18.4%

续表

接受捐赠或资助物品情况	俱乐部数量	占接受或资助物品俱乐部的比例
没接受过任何物品	227	41.7%
缺失	7	0%

调查结果显示，2015年接受物品情况虽不乐观，但对比2014年调查结果还是有一定提高。调查的俱乐部在没接受过任何物品的比例上减少了10%，在其他方面的物品上都有10%左右的提高（图14-4）。对于这部分俱乐部来说，在一定程度上弥补了接受资金捐赠的缺失，无论是接受资金还是接受物品的捐赠，增长对于俱乐部都是非常好的趋势。

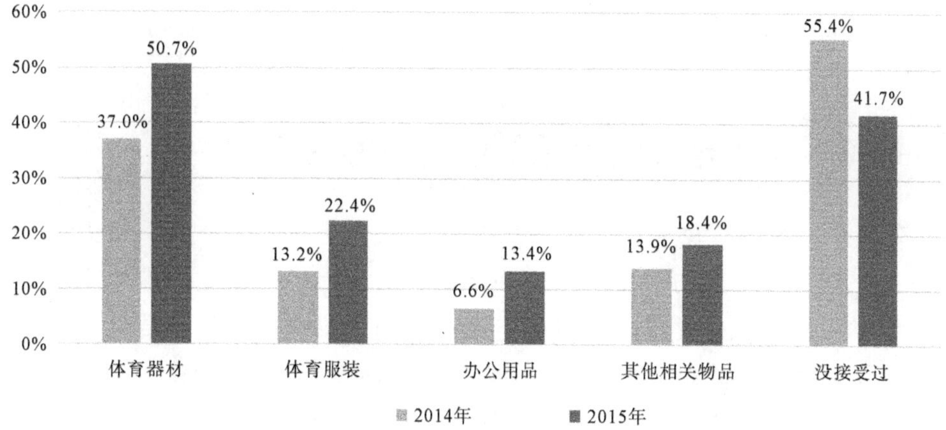

14-4 青少年体育俱乐部接受捐赠和资助的物品情况对比

盈亏状况不同的俱乐部在接受物品捐赠的情况并不像接受资金捐赠情况比较有规律，但也能看到经营盈余持平的俱乐部在接受各种形式物品的比例都比亏空俱乐部的比例高（图14-5）。

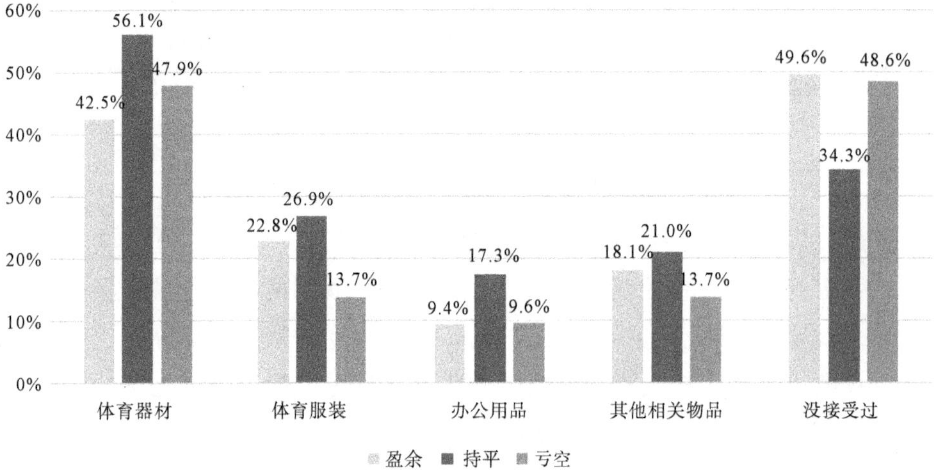

图14-5　2015年青少年体育俱乐部盈亏情况与接受捐赠和资助物品情况对比

14.3　青少年体育俱乐部的创收形式情况

在接受捐赠和资助并不理想的情况下，俱乐部除了需更加积极主动集资和增加社会对俱乐部的捐助外。另一方面，俱乐部还需积极拓展创收形式来扩充生存经费，这也是反映其自身造血能力的重要指标。调查结果表明，俱乐部创收形式虽然多样，但主要集中在培训方面（93.5%的俱乐部都是通过培训来增加收入）；其次是举办活动和比赛占到42.1%；再次是业务指导占比为28.1%；其他7方面占比相对较少，也就是说只有少部分俱乐部能够有这几项创收形式（表14-4）。

表14-4　青少年体育俱乐部创收形式（n=551）

序号	创收形式	俱乐部数量	占有创收俱乐部的比例
1	培训	506	93.5%
2	咨询	45	8.3%
3	指导	152	28.1%

续表

序号	创收形式	俱乐部数量	占有创收俱乐部的比例
4	商业性表演	14	2.6%
5	商品销售（如发售纪念品等）	20	3.7%
6	产品代理	6	1.1%
7	广告	15	2.8%
8	租赁场地设施	93	17.2%
9	举办活动和比赛	228	42.1%
10	其他	22	4.1%
11	缺失	10	0%

对比2014年调查结果，2015年培训形式创收的俱乐部比例增加了15%，业务指导和举办活动和比赛的比例基本没变，其他方面比例都有不同程度的降低，其中场地租赁降低的最多，减少了14%，其次是产品代理和广告降低了8%（图14-6）。总体上而言，俱乐部2015年创收形式上比2014更加依赖培训和举办活动和比赛，其他的创收形式要求俱乐部的经营达到一定规模，形成一定影响才能成为获取收益的方式。因此，当俱乐部基数增大时，多方面发展相对成熟的俱乐部比例有所减少。

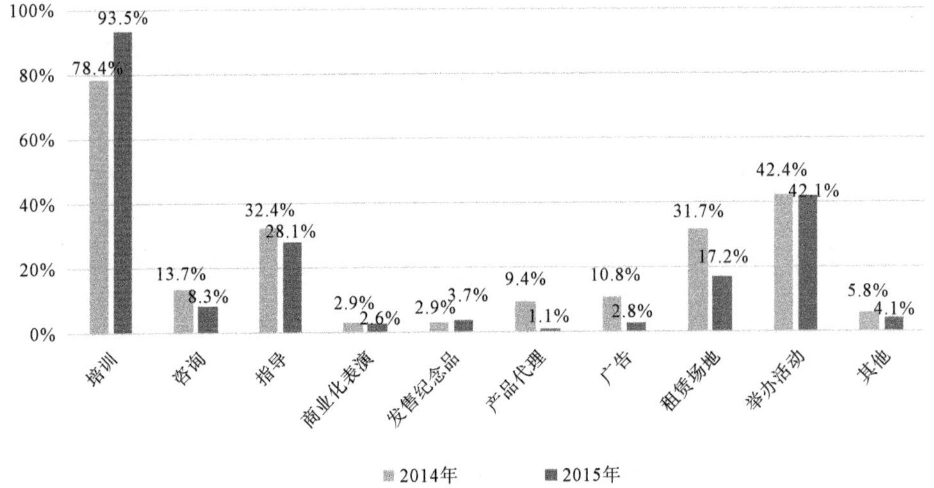

图14-6　青少年体育俱乐部创收形式对比

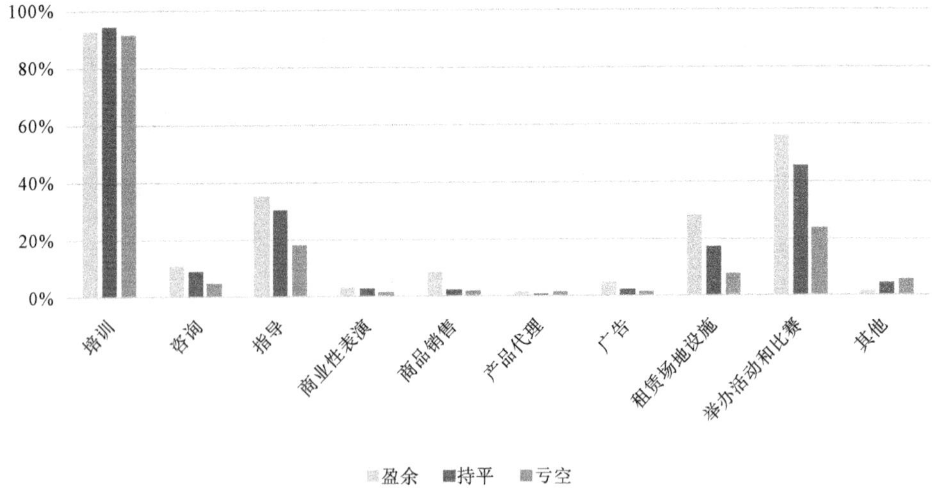

图14-7　青少年体育俱乐部不同盈亏情况创收形式对比

以上表明，俱乐部在经营创收上以培训、举办活动比赛、业务指导和租赁场地设施为主。盈亏状况不同的俱乐部在创收形式上也体现出这个规律，但从图14-7中的对比可以总结，盈余和持平俱乐部创收形式都比亏损俱乐部的要高。因此，俱乐部的创收不应仅仅单一依赖培训，探索出更多创收形式使俱乐部更容易实现盈余。

14.4 青少年体育俱乐部的集资和募捐情况

积极动员各种社会资源是非营利组织生存和发展的基本能力，社会资源包括国家政府扶持、社会慈善捐赠和志愿者服务等。集资或募捐是非营利组织组织开展活动、保证可持续性的一种重要保障，也是其社会性活动能否得到社会认可的一个指标。从调查结果看，多数（69.6%）的俱乐部从来没有过集资或募捐行为，经常开展集资或募捐的俱乐部数量非常少，仅占被调查俱乐部的4.1%，偶尔开展集资或募捐的俱乐部数量也较少，占比为27.5%（表14-5）。

表14-5 青少年体育俱乐部集资或募捐频率统计表（n=551）

集资或募捐情况	俱乐部数量	占有效数据的比例
从来没有	243	69.0%
偶尔开展	96	27.0%
经常开展	10	4.0%
缺失	202	0%

对比2014年调查结果，从来没有进行过集资或者募捐的俱乐部比例明显减少了13%，偶尔开展的俱乐部比例增加了10%，经常开展的俱乐部比例增加了4倍（图14-8）。通过两年的调查结果对比可以看到，现阶段大部分俱乐部管理者仍没有积极主动地进行过集资和募捐活动，经常开展该活动的俱乐部所占比例极少。从图14-9对比盈亏状况不同的俱乐部在集资或募捐频率上不同表现所产生的结果可以总结，盈余和持平的俱乐部比亏空的俱乐部会更积极主动进行集资或募捐。所有亏空的俱乐部都没有经常开展集资或募捐，盈余的俱乐部开展频率是其4倍。换句话说，俱乐部管理者意识到集资或募捐的重要性并开展相关活动更能使俱乐部经营实现盈余。

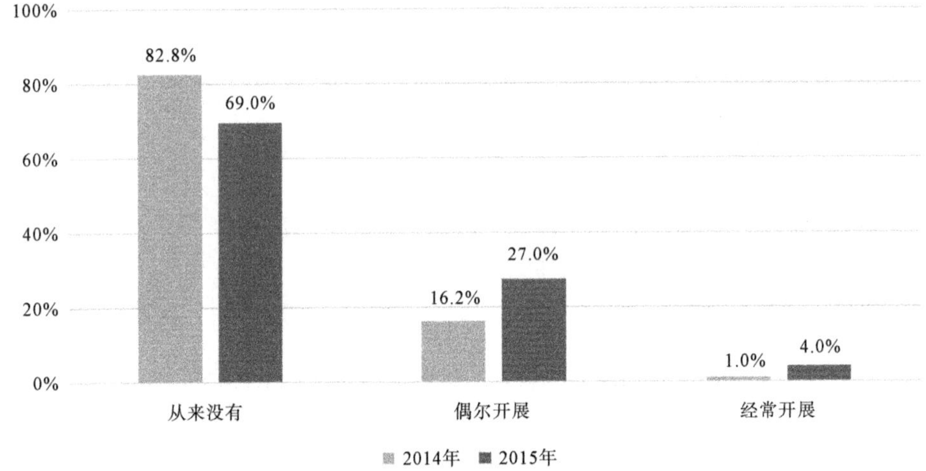

图14-8　青少年体育俱乐部集资或募捐频率对比

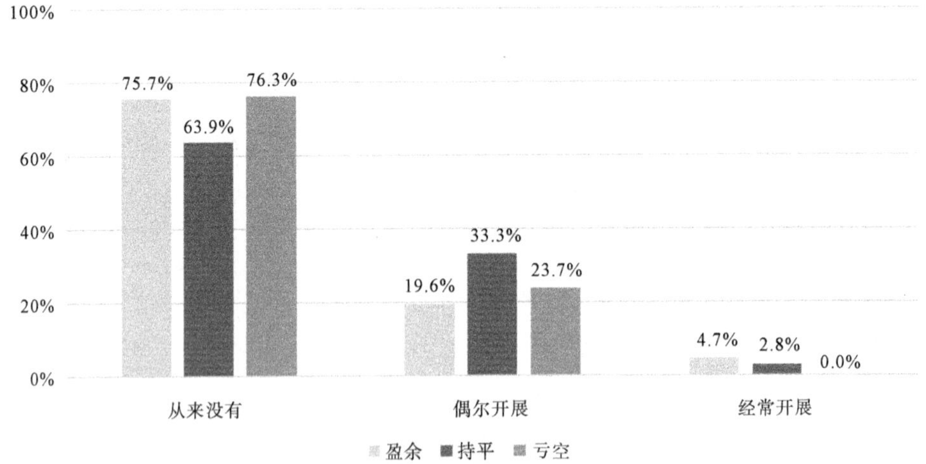

图14-9　2015年青少年体育俱乐部盈亏情况与集资或募捐活动频率对比

非营利组织必须寻求解决资金上可持续性发展的解决之路，尽管自营创收比捐款和拨款更为可靠，但也不应忽视作为非营利组织向社会或企业集资也是主动增加收入的渠道之一。从调查可以看出，只有不到2%的被调查俱乐部意识到了集资和募捐的重要性。在不能以将利益最大化的情况下，如何筹集到更多的资金，扩展资金来源渠道，是保障青少年体育俱乐部独立生存的基础条件，也是其能得到更好发展的必要能力。

随着我国经济的高速发展，社会和企业家公益理念越来越强，逐步专业化。邓国胜等（2015）主编的《中国企业公益研究报告》中指出："现今企业家捐赠领域很广，包括文化教育、扶贫、弱势群体帮扶、公共服务、环境保护以及医疗卫生等，其中文化教育最受企业家青睐。捐赠方式以直接捐赠财物为主。仅2015年一年，百名企业家捐赠总额为1655865万元。"[9]可以看出社会和企业对公益活动关注的范围之广，捐赠能力之大。相信随着公益组织和活动在国内数量不断增加和体制逐步规范，加入公益活动的团体和个人会更加积极热情。青少年体育俱乐部是为青少年提供体育教育和提升整体素质的公益组织，与社会和企业家对文化教育重视的理念是相一致的。但从调查结果中可以看出（图14-10），青少年体育俱乐部缺乏主动创造多渠道筹资，近90%都仅仅停留在广告宣传方面。大多管理者虽意识到捐赠所获得的资金是俱乐部资金来源的重要渠道，但并仍未开拓思路主动出击，仍停留在被动接受的状态。

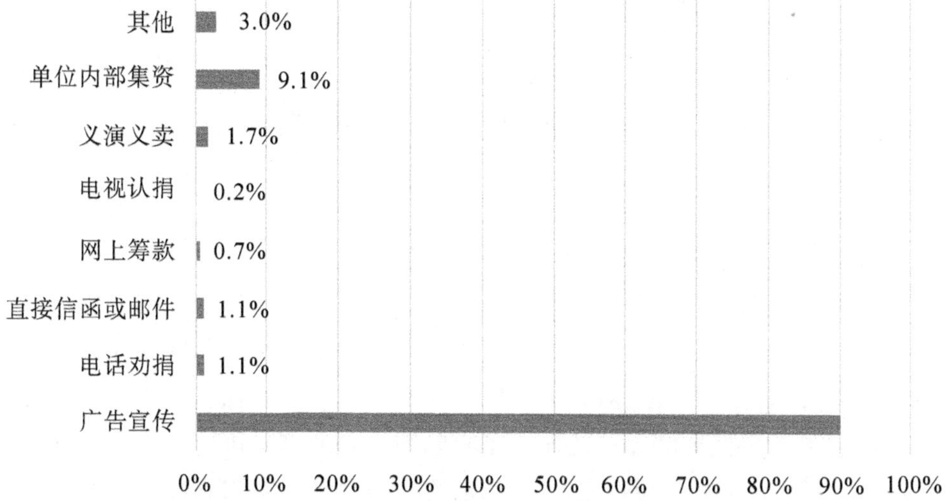

图14-10　青少年体育俱乐部集资或募捐方式统计图

[9]　邓国胜，钟宏武等. 中国企业公益研究报告(2015)[C].北京：社会科学文献出版社，2015：47，48，51.

如图14-11所示，不同盈亏状况的俱乐部在集资与募捐形式上的不同表现明显，亏空的俱乐部除了广告宣传，几乎没有任何其他形式的集资或募捐行为，盈余和持平的俱乐部虽然也是以广告宣传为主，但在其他形式中都略有尝试。也就是说盈余和持平的俱乐部管理者，比亏空俱乐部管理者更加积极主动去尝试不同形式的集资和募捐来扩充俱乐部资金来源。

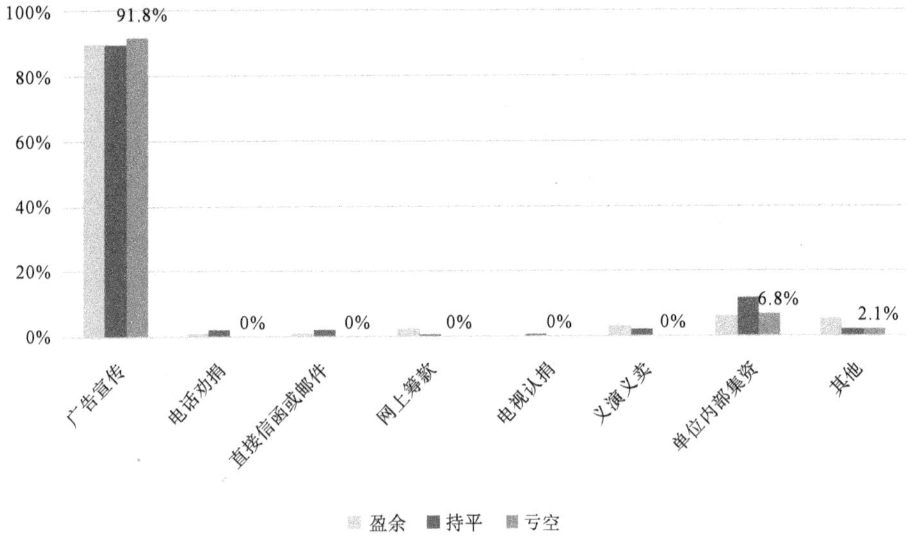

图14-11　青少年体育俱乐部盈亏状况与集资或募捐方式对比

当前，越来越多的企业关注公益活动、承担更多的社会责任，很多跨国企业将公益赞助作为战略发展的重要方式之一，将公益活动作为拓展品牌知名度、增强品牌忠诚等品牌管理的重要组成部分。通过公益赞助企业可以建立卓越的信誉，得到更广泛的支持，与消费者通过所赞助项目的认同建立更亲密的关系，更重要的是体现企业对社会发展作出贡献的重要责任。这为青少年体育俱乐部提供了很多挖掘潜力，任何一家有能力的企业都有可能成为俱乐部募集资金的潜在渠道。现在很大一部分俱乐部管理者并没有意识到社会或企业公益赞助的重要性，或认为这类赞助是被动的，需要企业主动来支持项目或俱乐部发展而进行的公益活动。企业选择所投入的公益活动种类和方向众多，且资金有限，需通过筛选和评估来衡量所赞助的项目与其企业愿景和使命的一致性，或更能针对其消费群体。因此，未来俱乐部应更多关注社会、企业公益赞助，更主动地为其管理者提供选择的方向和依据，以为俱乐部扩展更广的资金来源，提高俱乐部可持续经营、自力更生的能力。

14.5 青少年体育俱乐部对外宣传与交流情况

对外宣传是任何一个社会组织发展过程中的一个重要环节和内容，无论是在其创立、发展、项目推广、成绩公告等阶段或时刻，还是在危机、困难与问题处理等方面，都需要及时或适时地将信息、消息等向各类受众群体甚至公众做出合理的公布或解释。更重要的是，只有更主动对外宣传与交流才能使社会认知青少年体育俱乐部存在目的和意义，使更多社会力量加入到对俱乐部的捐赠和帮助中去。利用好宣传工具，对俱乐部的生存发展具有不可忽视的作用和意义。

调查结果表明，2015年青少年体育俱乐部各对外宣传途径方式的比例相差不大，俱乐部大体上利用了多种方式进行对外宣传和交流（表14-6）。

表14-6　2015年青少年体育俱乐部对外宣传的途径统计表（n=551）

序号	宣传方式	俱乐部数量	占有效数据的比例
1	创建专门网站	152	40.3%
2	创建网页	88	23.3%
3	广播电视	137	36.3%
4	报纸	157	41.6%
5	杂志	31	8.2%
6	举办展示活动	180	47.7%
7	参与公益活动	157	41.6%
8	散发宣传单	132	35.0%
9	设立宣传广告牌	141	37.4%
10	赞助活动	61	16.2%

续表

序号	宣传方式	俱乐部数量	占有效数据的比例
11	中介服务	6	1.6%
12	其他	20	5.3%
13	缺失值	174	0%

相较于2014年，60%以上的俱乐部依赖举办展示活动比例有所下降，其他以活动形式的宣传途径都有均衡增长，比例都达到了40%左右。随着互联网在人们生活中的影响不断提升，俱乐部除了保持传统的纸质宣传，同时也注重了网络传媒的推广，在创建专门网站的俱乐部比例大幅提高，从2.1%增加到40.3%，创建网页也有6% 的提升（图14-12）。

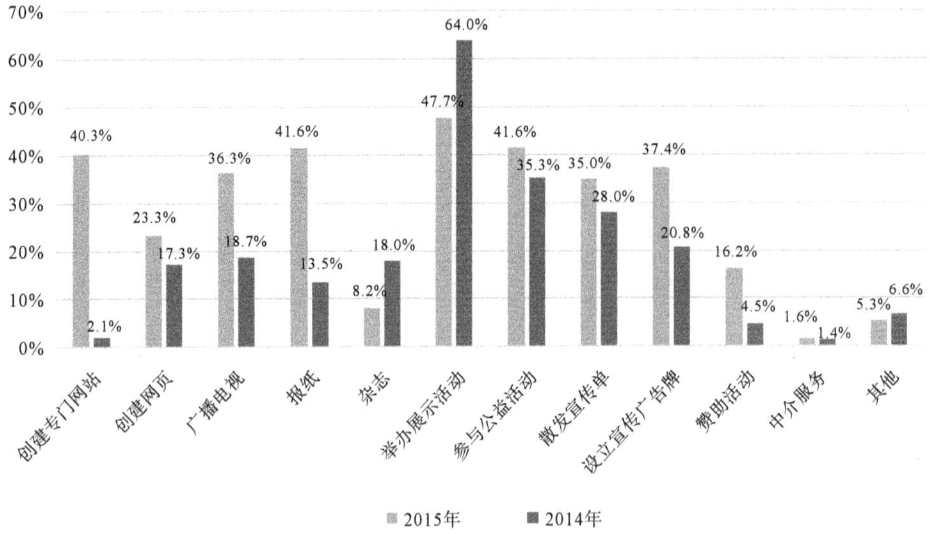

图14-12　青少年体育俱乐部对外宣传途径对比

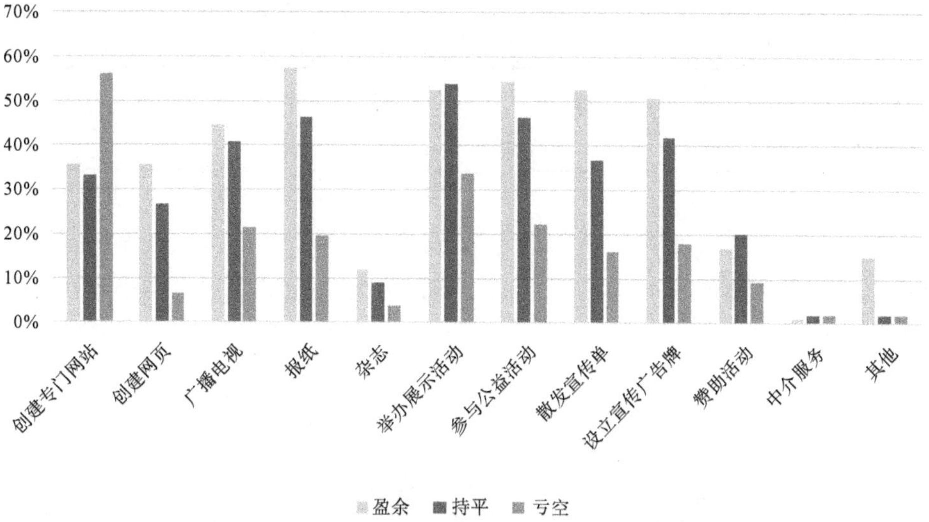

图14-13　2015年青少年体育俱乐部盈亏状况与对外宣传途径对比

在图14-13中显示了不同盈亏状况的俱乐部在对外宣传途径上的不同表现，可以认为盈余和持平的俱乐部在对外宣传途径上更加趋于均衡化，虽然亏空的俱乐部意识到了网络宣传的重要性，但同时并没有兼顾其他渠道的宣传。因此，形式多样的宣传才更有助于俱乐部的经营和创收。

青少年体育俱乐部之间的交流是促进青少年群体扩大社交面、俱乐部间相互总结经营经验等重要途径，定期经常性的多方面交流对俱乐部经营起着至关重要的作用。从俱乐部之间的交流频率来看，将近90%的俱乐部之间有交流活动，但是偶尔进行交流的俱乐部比例要比经常进行交流的俱乐部比例略高8.1%，少数11.8%的俱乐部完全没有开展任何形式的交流（表14-7）。

表14-7　青少年体育俱乐部之间交流频率（n=551）

交流频率	俱乐部数量	占有效数据的比例
经常	218	40.0%
偶尔	262	48.1%
没有	65	11.9%

续表

交流频率	俱乐部数量	占有效数据的比例
缺失值	6	0%
合计	551	100%

上述调查结果对比2014年的调查结果，俱乐部之间的交流频率明显增加，经常交流的频率增长了10%还多，偶尔和没有交流的俱乐部比例都有一定程度的减少（图14-14）。

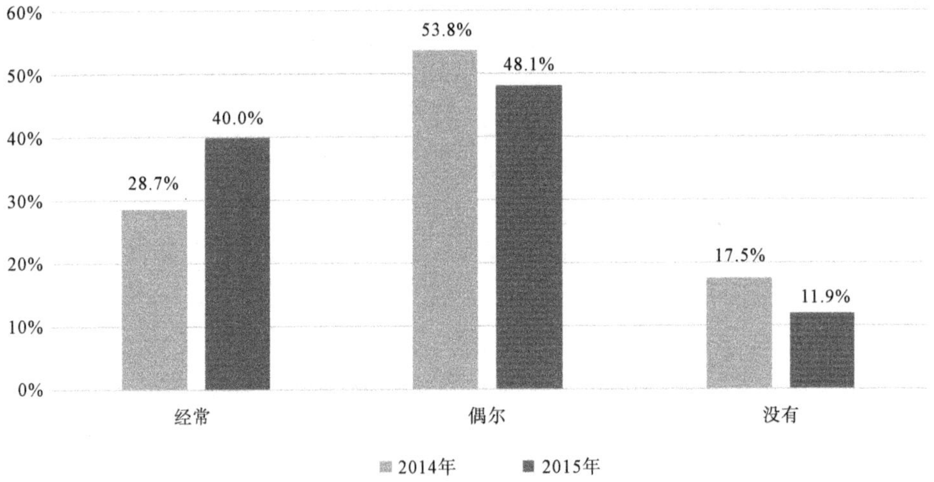

图14-14 青少年体育俱乐部之间开展交流活动频率对比

从不同盈亏状况对比俱乐部间交流频率可以明显看出，亏空的俱乐部在完全没有交流中占更高的比例，比盈余和持平俱乐部高出10%左右，在经常的频率中亏空俱乐部比盈余和持平俱乐部都降低了10%左右。调查结果可以总结，定期且频率较高地进行俱乐部间交流对俱乐部经营起着积极的影响（图14-15）。

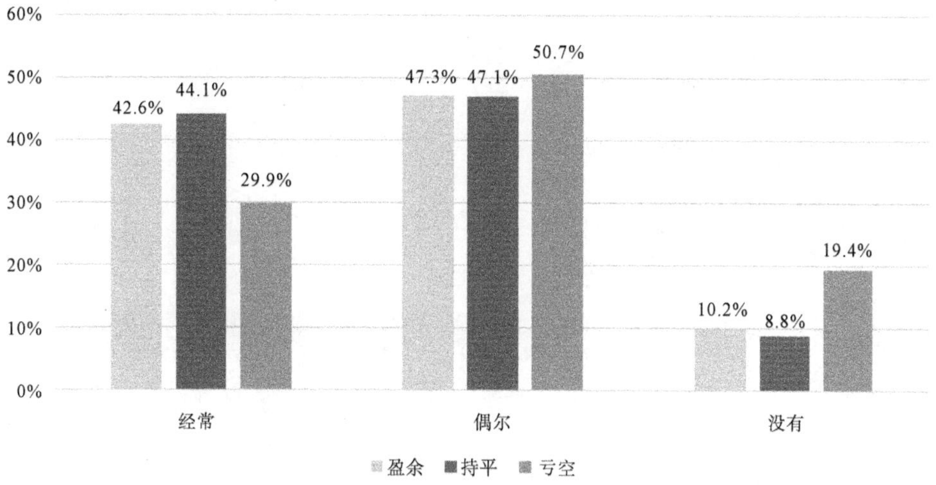

图14-15　2015年青少年体育俱乐部盈亏情况与俱乐部间交流频率对比

青少年体育俱乐部之间开展的交流形式有3大种类，分比为比赛等活动、信息交流会和成立俱乐部协会（联合会）。其中几乎所有开展交流活动的俱乐部（96.3%）都是以开展比赛等活动的方式进行交流，成立俱乐部协会（19.3%）和定期举办信息交流会（14.3%）所占比例都远远低于开展比赛等活动的方式（表14-8）。

表14-8　青少年体育俱乐部之间交流活动的形式（n=551）

序号	交流活动方式	俱乐部数量	占有效数据的比例
1	开展比赛等活动	526	96.3%
2	定期举办信息交流会	78	14.3%
3	成立俱乐部协会（联合会等）	105	19.2%
4	其他	10	1.8%
5	缺失值	5	0%

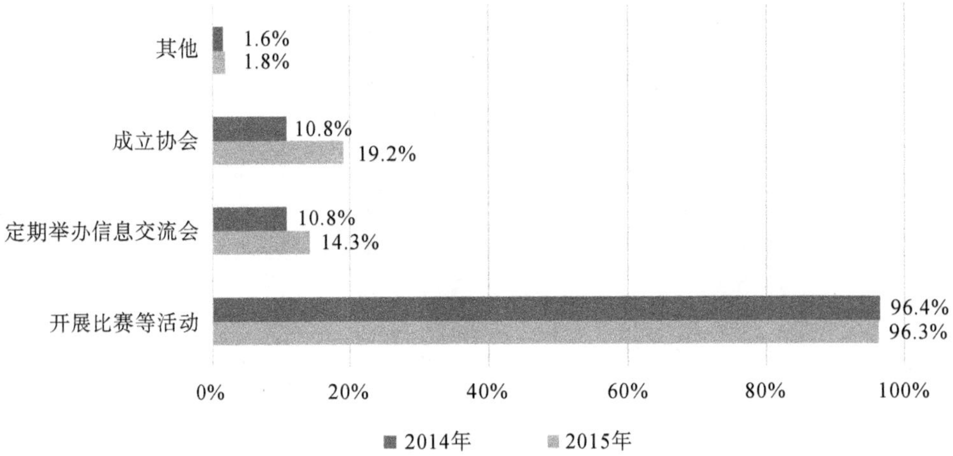

图14-16　青少年体育俱乐部对外交流途径对比

与2014年对比，俱乐部对外交流情况基本没变，只是2015年两个比例较小的交流形式比去年还是有所提升，尤其是成立俱乐部协会或联合会的比例增加了将近10%。对比两年管理者关于成立协会的态度（图14-17），明显可以看出，2015年认为非常必要成立协会的比例比2014年高出13%，认为一般、没必要和不清楚的态度都不同程度地减少。再对比盈亏情况不同的俱乐部在交流活动方式的不同选择（图14-18），在开展比赛等活动形式的交流方式上，盈亏俱乐部的比例基本相同，但是盈余和持平的俱乐部相对亏空的俱乐部会更多地定期举办信息交流会和成立俱乐部协会（联合会）。也就是说，俱乐部管理者对俱乐部间的沟通交流和联盟意识越来越强，那些经营有盈余或者持平的俱乐部已经付出联盟的行动，组织在一起为了实现共同的目标而努力。

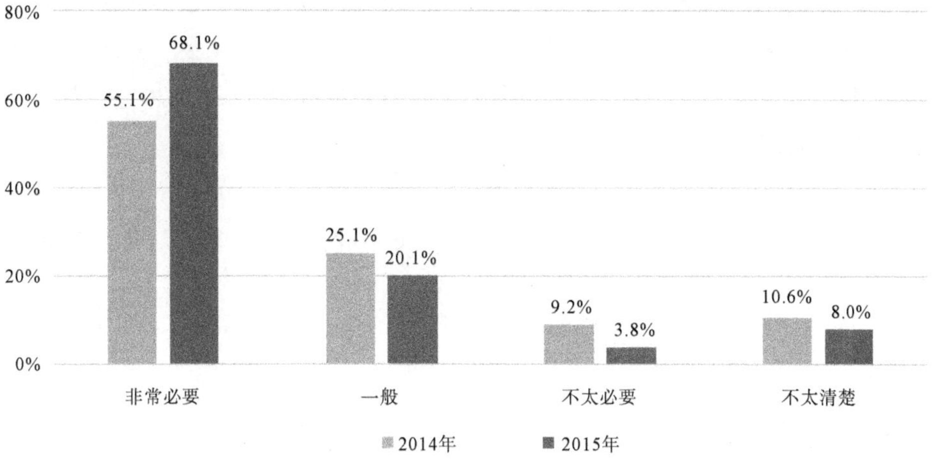

图14-17　青少年体育俱乐部对成立协会必要性对比

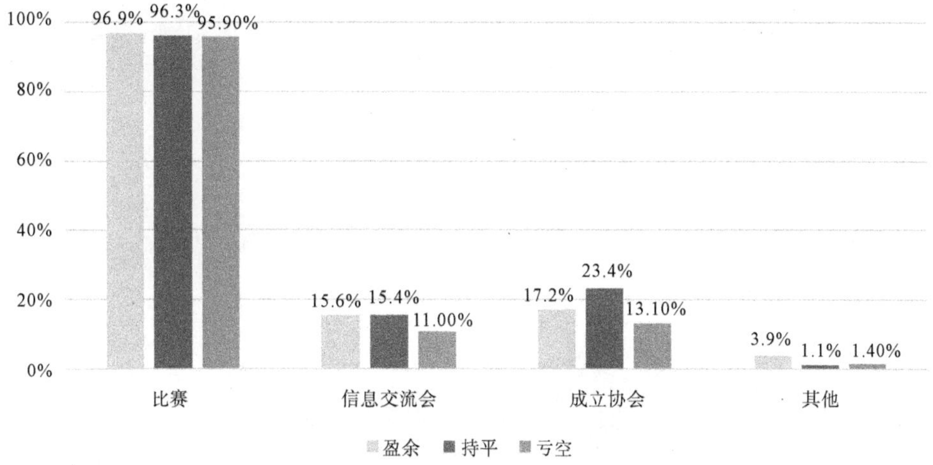

图14-18　2015年青少年体育俱乐部盈亏情况与对外交流途径对比

综上所述，整体上看，青少年体育俱乐部的发展能力仍处于初级状态，但俱乐部的自我发展能力在不断提升。在盈亏状况上，虽然只有少部分俱乐部实现了有所盈余，但过半的俱乐部达到了持平的状态。在创收形式、集资和募捐状况和对外交流情况上，大多俱乐部能力仍较薄弱。集资和募捐应该作为非营利组织的一个重要来源，但俱乐部还是主要依赖扶持类经费，并没有开拓出可以保障自身独立发展的稳定途径。俱乐部应该积极与其他社会力量取得更多合作，在活动和交流中，扩大俱乐部的知名度和影响，获得社会上更多的关注和资源，为俱乐部注入更多的新鲜血液，从而俱乐部才能更好地为广大青少年提供更专业全面的服务。

（撰写人：肖林鹏，张鹭，王梦阳）

后 记

2015年，天津体育学院青少年体育研究中心编写了国内首部《中国青少年体育俱乐部发展报告（2015）》，在力争每年编写出一部主题鲜明的俱乐部发展报告的指导思想下，2016年度青少年体育俱乐部发展报告再度付梓。

首先感谢体育总局青少司各位领导的高度重视与大力支持。一年来，我们再次见证了各位领导为青少年体育事业孜孜以求、全身心投入的敬业精神，以及开拓创新、锐意改革的进取精神，衷心感谢青少司领导给我们提供的学习机会，这为本书出版提供了丰富的智力源与工作基础。

本书是项目团队集体智慧的体现。2016年，团队完成“示范性国家级青少年体育俱乐部评估与管理办法”“青少年体育俱乐部评估办法及实施细则”等委托项目，以及与俱乐部有关的诸多实践性工作，尤其是在2015年岁末的国家示范性青少年体育俱乐部的评定工作中，团队协力配合，首次以网络在线形式完成全国示范性国家级青少年体育俱乐部的评定工作，为青少年体育工作走向大数据治理奠定了基础，衷心感谢大家的配合与协作！

本书形成过程中，得到全国青少年体育研究领域的专家学者，青少年体育俱乐部相关管理部门，青少年体育俱乐部负责人，以及诸多有志于俱乐部发展的热心人士的大力支持与协作。我的研究生高泽榜、刘欣婷在俱乐部评估工作中付出了大量劳动，在此一并致谢！

肖林鹏于天津